대각성
전도집회
설교

가장
소중한
것

대각성전도집회설교

가장 소중한 것

발행일 2025년 11월 10일

지은이 홍동필
펴낸이 김기영
펴낸곳 도서출판 영음사

주　소 서울특별시 강남구 광평로 56길 8-13, 1406호
전　화 02-3412-0901
팩　스 02-3412-1409
이메일 biblecomen@daum.net
등　록 2008년 4월 21일 제2021-000311호

978-89-7304-204-3(03230)

가장 소중한 것

대각성 전도집회 설교

저자 홍동필

도서출판 **영음사**

목차

서문

• • • • •

지난 1994년 11월 28일 전주에 첫발을 디뎠습니다. 낯설고 물설다는 말이 실감 날 정도로 어색했습니다. 예배당은 무덤 옆에 있었고, 십자가는 비틀어져 있어서 금방이라도 쓰러질 것만 같았습니다. 양철로 된 지붕은 녹슬어서 비가 오면 곳곳에서 비가 새 양동이를 여기저기 세워둬야만 했습니다. 이런 상황에서도 하나님 살아계심을 믿고 담대하게 강단에서 복음을 외쳤습니다. 여름에, 강대상에 벌레가 기어오르면 성도들 모르게 손으로 쓸어내리면서 설교했었습니다. 천막 같은 예배당이었지만 꿈과 희망만큼은 컸습니다.

처음 대각성전도집회를 실시했을 때를 잊을 수가 없습니다.

초청된 손님이 한 분도 없었기 때문입니다. 전도해서 한 분만이라도 이 자리에 앉게 해서 복음을 듣게 하자고 했는데, 강단에서서 보니 우리 교인들만 있는 것입니다. 전도설교를 준비했는데 대상이 우리 교인들이었습니다. 감사한 것은 이후에는 대각성전도집회를 하면 수많은 새로운 영혼들이 참여한 것입니다. 6번의 복음 설교를 주일부터 집중적으로 전하고 전했습니다. 대각성전도집회는 목회자와 성도가 함께하는 집회입니다. 먼저 믿는 성도는 은혜를 받아 각성되고, 초청받은 분들은 예수님을 알고 믿어 복을 누리게 되는 축제와 같은 것이 대각성전도집회입니다.

코로나19로 집회를 할 수 없었습니다. 이번 6편의 설교는 코로나 전, 대각성전도집회 설교입니다. 교회는 주님 오시는 날까지 복음을 전하고 예수님의 증인이 되어야 합니다. 어린아이의 울음소리가 들리는 가정은 소망이 있듯이 어린아이 같은 새로운 성도가 있는 교회는 소망이 있습니다. 한국교회에 매주 새로운 성도, 복음을 듣고 주님 만난 새로운 성도가 있을 때 소망이 있습니다.

이 책이 복음을 먼저 믿는 성도에게는 새롭게 은혜가 되고, 처음 믿는 분들에게는 예수 믿는 계기가 되기를 바랍니다. 혹 설교 내용 중 잘못 해석된 부분이 있다면 전적인 저의 부족함임을 말씀드립니다. 이 책을 통해 오직 하나님만 영광 받으시길 원합니다.

2025년 초겨울

전주새중앙교회 목양실에서

홍 동 필 드림

대각성 전도집회 설교

가장 소중한 것

1.

포기하지 않는 주님의 사랑

• • • • •

누가복음 22:54-62

오늘 아침에도 하나님의 은혜가 저와 여러분들에게 함께하기를 기원합니다. 저희가 매년 10월 이때쯤 되면 대각성전도집회를 하게 됩니다. 먼저 믿는 사람들은 각성하는 시간이고 또 초대받은 분들은 하나님의 은혜를 함께 받고 또 주님의 인도하심을 경험하는 소중한 시간을 우리가 함께 갖는 것입니다. 아마 이 자리에 초대받으신 분들도 계시리라고 그렇게 믿습니다. 옆에 분과 인사합시다. 참 잘 오셨습니다. 탁월한 선택을 하셨습니다.

여러분 대각성전도집회는 사실 주님께서 원하시는 것입니다.

예수님께서 이 땅에 오신 이유는 딱 하나예요. 우리에게 생명을 주시고 우리에게 구원을 주시기 위해서 주님은 이 땅에 오신 것입니다. 주님이 가는 곳곳마다 사람들이 많이 몰려들었습니다. 왜냐하면 병든 자를 낫게 하고 귀신을 쫓아내는, 그래서 어쩌면 인기가 아주 좋은 그런 예수님이었습니다. 그런데도 사람들이 몰려올 때 그들 때문에 현혹되지는 않습니다. 또다시 이렇게 말씀하십니다. "우리가 다른 마을로 가자. 거기 가서도 우리가 전도하자" 말씀하십니다. 주님은 전도, 사람을 살리는 이 일에 모든 관심을 가지셨습니다.

> 38 이르시되 우리가 다른 가까운 마을들로 가자 거기서도 전
> 도하리니 내가 이를 위하여 왔노라 하시고 39 이에 온 갈릴리
> 에 다니시며 그들의 여러 회당에서 전도하시고 또 귀신들을
> 내쫓으시더라(막 1:38-39).

예수님에게는 열두 제자가 있었습니다. 그중에 예수님의 수제자라고 말하면 베드로입니다. 아마 베드로에 대해서는 여러분들도 잘 아시리라고 믿습니다. 그런데 예수님께서 십자가를 앞에 둔 공생애 삼 년 말쯤 되었을 때는 바깥의 움직임이 뒤숭숭

했습니다. 대제사장들과 장로들이 예수님을 죽이려고 혈안이 돼서 모의하고 기회만 되면 책을 잡으려고 했던, 어쩌면 참 위험한 그러한 때가 예수님의 공생애 말기였습니다. 그때 예수님께서 제자들에게 마지막 유월절 만찬을 함께 하기를 원하시고는 만찬을 드십니다. 그리고 열두 제자 중에 베드로와 대화를 나누는 거예요. 나눌 때 어떤 대화를 나누느냐 하면 "사탄이 밀 까부르듯이 너를 넘어뜨리기 위해서 오는 것을 내가 막는다. 내가 너를 위해서 믿음에서 떨어지지 않도록 너를 위해서 기도한다. 그리고 네가 돌이킨 후에는 네 형제들을 굳게 하라." 그렇게 말합니다. 이때 베드로가 뭐라고 말하는지 아세요? "난 절대 부인하는 일은 없습니다. 다른 사람들은 몰라도 나는 그런 일은 없습니다. 내가 옥에도 갈 수 있고 아니 내가 죽는 데까지도 갈 수 있습니다." 그때 예수님께서 베드로에게 뭐라고 말하는 줄 아세요? "아니야. 네가 오늘 밤, 닭 울기 전에 네가 나를 세 번 부인한다." 그렇게 말합니다.

> 31 시몬아, 시몬아, 보라 사탄이 너희를 밀 까부르듯 하려고 요
> 구하였으나 32 그러나 내가 너를 위하여 네 믿음이 떨어지지
> 않기를 기도하였노니 너는 돌이킨 후에 네 형제를 굳게 하라

33 그가 말하되 주여 내가 주와 함께 옥에도, 죽는 데에도 가
기를 각오하였나이다 34 이르시되 베드로야 내가 네게 말하
노니 오늘 닭 울기 전에 네가 세 번 나를 모른다고 부인하리라
하시니라(눅 22:31-34).

그러고는 제자들과 함께 습관을 따라서 이제 기도하러 감람산에 가십니다. 겟세마네 동산에 주께서 가시게 되는 거예요. 밤이 맞도록 기도하시고 이제 기도가 마칠 즈음에 가룟 유다가 배반해서 군인들을 데리고 예수님을 잡으러 옵니다. 예수님이 사람들에게 잡혀서 대제사장 뜰에 이제 들어가게 됩니다. 그런데 멀찌감치 있던 베드로가 따라서 그 대제사장 뜰에 함께 들어와 있습니다. 불을 피운 가운데 함께 이제 앉아 있는데 그만 남자들도 아니고 여종들이 베드로에게 "너도 그 당이다. 너도 그 사람이다" 이렇게 하고는 번갈아 가면서 세 번씩 이렇게 "그 당"이라고 말합니다. 그때 베드로가 "난 아니다"라고 결사적으로 "아니"라고 부인하면서 나중에는 자기를 저주까지 하면서 "예수님을 모른다"라고 부인합니다. 그 세 번째 말하는 그때 닭이 우는 거예요. 베드로가 그것이 생각나서 밖에 나가서 통곡했다고 말해줍니다.

오늘 닭 울기 전에 네가 세 번 나를 부인하리라

여러분! 오늘 본문은 예수님이 사랑하는 수제자와 함께 있었던 사건이에요. 그런데 그만 이 베드로가 예수님을 부인하는 것을 뻔히 알면서도 불구하고 예수님께서 베드로를 놓지 않고 끝까지 붙잡고 계시는 예수님의 모습을 보면서 오늘 우리가 함께 은혜받기를 원합니다.

여러분, 한번 생각해 보십시오. 누군가가 나를 부인한다, 아니면 나에게 억울한 누명을 덮어씌운다, 아니면 나에게 크게 손해를 낼 것이다. 그것을 알면 절대 그 사람을 상종하지 않을 겁니다. 상종하지 않을 뿐만 아니라 어떤 대책을 세워서 그 사람이 그런 짓을 하지 못하게 거꾸로 공격할 것이라 이 말입니다. 중요한 것은 베드로가 세 번 부인하고 닭이 우니까 생각나서 나가서 통곡했다고 그렇게 말해줍니다. 한번 생각해 보십시오. 베드로가 예수님 부인하고 가서 통곡하고 닭이 우는 것이 자연스러운 일인가? 한번 생각해 보십시오. 사람이 어떤 잘못을 저질렀을 때 "아, 내가 잘못했구나." 나가서 통곡한 것을 본 적 있어요? 거의 없습니다. 근데 베드로가 세 번 부인하고는 닭이 딱 울자마자 "아차" 하고 생각이 난 거예요. 예수님이 하신 말씀이 기억난 것이라

이 말이지요. 그런데 기독교 이천 년 역사에 이 본문을 모든 목사님이 설교하고 주석을 하는데 닭이 한밤중에 우는 일은 없답니다. 닭이 새벽에 울지 뭐 열한 시, 열두 시. 새벽 한 시, 그때 닭이 우는 일은 없다는 거예요. 그러니까 베드로가 함께 모닥불을 피우고 거기서 이렇게 쪼그려 앉아 있다가 세 번 부인하고 그 시간에 닭이 운다는 것은 있을 수가 없는 것이라 이 말이에요.

두 가지예요. 그건 뭐냐 하면 첫 번째는 나가서 통곡했다는 것과 두 번째는 닭이 울었다는 것입니다. 여러분, 닭이 울 시간이 아닌데 울었다는 것은 우연의 일치가 결코 아니라는 것이지요. 어쩌다가 우는 것이 아니고 그중에 닭이 한 마리 유별난 닭이 있어서 "아 난 이 시간에 울어야겠다"라고 그래서 운 그것이 아니라 이 말입니다. 그렇다면 닭이 왜 그 시간에 우냐 이 말이지요. 그 시간에 운 것은 닭이 그 시간에 울도록 하나님께서 역사하셨다는 거예요. 주님께서 우연의 일치가 아니라, 닭이 본능적으로 운 것이 아니라 예수님께서 닭을 동원해서 울도록 만든 것이라 이 말이에요. 왜 그래요? 베드로로 하여금 깨닫게 하기 위해서, 생각나게 하기 위해서 닭으로 울게 했다는 사실입니다. 여러분, 만약에 닭이 울지 않았으면 베드로는 깨닫지도 못하고 생각지도 못했을 거예요. 그것을 생각나게 하기 위해서 예수님께서 말씀하신 거예요. 그리고 그것을 이행하신 것이라 이 말이에요.

그리고 또 한 가지 생각한 게 있어요. 베드로가 예수님을 부인할 것을 예수님은 언제 아셨을까요? 언제 아시고 말씀하셨느냐 하면 베드로가 호언장담할 때 예수님께서 "넌 나를 부인한다" 그렇게 말했습니다. 예수님이 몰랐으면 그 말을 하셨겠어요? 아니요. 아셨으니까 하셨습니다. 예수님은 베드로가 자기 자신을 닭이 울기 전에 세 번 부인할 것을 아셨어요. 그렇기 때문에 그때 "아니야. 네가 나를 오늘 닭 울기 전에 세 번 나를 부인해" 그렇게 말씀하신 것이라 이 말입니다.

> 31 시몬아, 시몬아, 보라 사탄이 너희를 밀 까부르듯 하려고 요
> 구하였으나 32 그러나 내가 너를 위하여 네 믿음이 떨어지지
> 않기를 기도하였노니 너는 돌이킨 후에 네 형제를 굳게 하라
> 33 그가 말하되 주여 내가 주와 함께 옥에도, 죽는 데에도 가
> 기를 각오하였나이다 34 이르시되 베드로야 내가 네게 말하
> 노니 오늘 닭 울기 전에 네가 세 번 나를 모른다고 부인하리라
> 하시니라(눅 22:31-34).

이 베드로가 "다른 사람은 몰라도 나는 절대로 그런 일이 없

습니다. 주님이 감옥에 가는 것뿐만 아니라 죽는 때까지도 나는 갈 자신이 있습니다." 그렇게 고백한 것이라 이 말입니다. 여러분, 누군가가 나를 배반할 것을 뻔히 안다면 그 사람과 상종을 안 할 거예요. 예수님께서 베드로가 세 번 부인할 것을 아시고 어떻게 하셔요? 예수님은 베드로가 자기를 부인할 것을 알고는 배반할 것을 알고는 분노하거나 화를 내시지 않아요. 오히려 대책을 세우신 겁니다. 여러분, 같으면 어떻게 하겠어요? 만약에 여러분들이 회사를 경영하는데 회사원 중 한 명이 뭉칫돈을 빼내서 "회사를 내가 완전히 망가뜨려야겠다." 그런 계획을 세운 것을 사장이 안다면 여러분, 어떻게 하겠어요? 사장이 만약 그것을 안다면 그냥 두겠습니까? 아니면 그것을 못 하도록 대책을 세우겠습니까? 틀림없이 대책을 세울 거예요. 경리한테 그 사람 절대로 돈 내가지 못하도록 막으라고 하든지 아니면 그 사람 불러서 "너 오늘 해고야" 그러고는 딱 잘라버리든지 둘 중의 하나라 이 말입니다. 그렇다면 만약에 "오늘 밤 열두 시에 도둑이 우리 집에 온다"라는 정보가 들어왔어요. 그러면 여러분 어떻게 하겠어요? "아 들어오는가 보다. 난 멋모르고 그냥 자야겠다" 그러겠어요? 대책을 세우겠어요? 대책을 세우지요? 대책을 세워야지요. 문을 다 잠그고, 식구들을 다 깨워놓고 아니면 그것도 우리

식구들보다 훨씬 센 사람이 올지도 모르니까 미리 경찰에 연락해 놓고 동네방네 소문을 다 내놓고 "오늘 밤 열두 시에 도둑이 온단다." 이렇게 난리를 피우면서 집을 지키는 이것이 아마 정상적인 모든 사람의 행동일 것이라 이 말입니다. 아무런 대책도 세우지 않고 가만히 있으면 우스운 꼴이 되고 정말 자기 집을 책임지지 못하는 어리석은 그러한 어른이라 이 말입니다.

내가 너를 위하여 기도하였노니

예수님, 자기 제자 베드로가 세 번 부인할 것을 아셔요. 그런데 예수님은 화를 내지 않아요. 분노하지를 않습니다. 오히려 자기 자신을 부인할 것을 알고는 대책을 세우시는 예수님이십니다. 무슨 대책을 세우셔요? 오늘 본문에 보면 기도하신다고 말씀해 주십니다.

> 31 시몬아, 시몬아, 보라 사탄이 너희를 밀 까부르듯 하려고 요
> 구하였으나 32 그러나 내가 너를 위하여 네 믿음이 떨어지지
> 않기를 기도하였노니 너는 돌이킨 후에 네 형제를 굳게 하라
> (눅 22:31-32).

이것이 예수님의 대책입니다. 예수님의 대책은 다른 것이 아니라 베드로를 위한 기도였습니다. 나를 배반할 것을 알아요. 한 번도 아니고 세 번이나 배반할 것을 아는 예수님. 여러분, 만약에 절친한 가운데 있는 사람이 여러분을 배반한다면 어떻게 하겠어요? 아마 그날로 내쳐질 거예요. "다시는 상종하지 말자"라고, "너하고 나하고는 남남이다" 하고는 아마 그렇게 돌아설 겁니다. 아니면 "네가 나를 배반할 수 있어? 그럴 수가 있어?" 고함을 질러가면서 "너를 믿었던 내가 정말 바보지." 그러면서 자기 자신을 한탄하면서 그러고는 그야말로 억울해서 분통이 터져서 어쩔 줄을 몰라 할 것입니다. 그런데 오늘 본문에 보면 예수님은 어떤 대책을 세우시는가 하면 기도하겠다고 말씀하십니다. 예수님은 베드로가 배반할 것을 미리 알고 그에 대한 대책을 세우신 거예요.

베드로를 제거한 것도 아니고 "너는 이제 내 제자가 아니다. 너는 이제 그야말로 내 수제자가 아니고 너는 나 하고 아무런 상관이 없다." 제거해 버리는 것이 아니라 오히려 베드로를 위해서 기도하는, 오히려 믿음에서 떨어질까 봐 베드로를 위해서 기도하는 대책을 세우시는 분이 우리 주님 예수 그리스도이십니다.

여러분, 언제 기도를 하셨어요? 누가복음 22장 전체를 잘 보시면 예수님이 제자들과 떨어진 적이 없어요. 유월절 만찬을 같이 드시고 베드로와 대화를 나누고 곧바로 습관을 따라 어디로 가느냐 하면 기도하러 가셨다고 그랬어요. 그러니까 제자들과 떨어져서 보낸 시간이 한 시간도 없어요. 잡힐 때까지 예수님께서는 제자들과 함께 계신 것입니다. 그러면 예수님께서 언제 기도하신 거예요? 겟세마네 동산에서 밤새도록 주께서 기도하신 것입니다. 제자들이 함께 예수님과 움직였지만 예수님이 제자들 앞에서 기도하는데 오히려 제자들은 한쪽에서 그냥 잠을 자는 거예요. 잠을 자든 말든 주님은 하나님 앞에 엎드려 기도합니다. 그런데 기도하는 그 모습이 일반 모습과 달라요. 얼마나 하나님 앞에 엎드려 사력을 다해서 기도했는지 하늘에서 천사들이 와서 그를 돕더라고 그랬어요. "힘을 더하더라" 그렇게 말합니다. 그리고 또 하나는 예수님에게서 떨어진 땀방울이 핏방울과 같이 그렇게 되었다고 말해줍니다.

> 39 예수께서 나가사 습관을 따라 감람 산에 가시매 제자들도
> 따라갔더니 40 그 곳에 이르러 그들에게 이르시되 유혹에 빠
> 지지 않게 기도하라 하시고 41 그들을 떠나 돌 던질 만큼 가서
> 무릎을 꿇고 기도하여 42 이르시되 아버지여 만일 아버지의

뜻이거든 이 잔을 내게서 옮기시옵소서 그러나 내 원대로 마
시옵고 아버지의 원대로 되기를 원하나이다 하시니 43 천사가
하늘로부터 예수께 나타나 힘을 더하더라 44 예수께서 힘쓰
고 애써 더욱 간절히 기도하시니 땀이 땅에 떨어지는 핏방울
같이 되더라(눅 22:39-44).

여기 보면 얼마나 간절하게 애가 타게 기도했는지 "천사들이 하늘에서 와서 힘을 더했다" 그렇게 말해줍니다. 여러분, 여기 천사들이 하늘에서 나타나서 힘을 더했다는 말은 예수님이 기도하는데 그 기도의 힘이 좀 약해서 이렇게 불어넣어 준 것이 아니에요. 아니면 예수님의 기도가 잘못되었기 때문에 그 기도를 교정해 주느라 힘을 더해준 것이 아니에요. 얼마나 사력을 다해서 기도하는지 만약에 그냥 두면 예수님이 기도하다가 죽을 것 같으니까 그 주께서 이 천사들이 하늘에서 내려와서 급하게 와서 예수님을 지금 힘을 다해서 도와주고 있는 것이라 이 말입니다.

그 기도, 그 기도가 얼마나 심각했는지 땀방울이 핏방울같이 되었다고 말하고 있습니다. 사실 이 문구는 맞지 않아요. 왜 맞지 않느냐 하면 베드로가 예수님을 따라와서 대제사장의 뜰에 딱 들어와서 앉아 있는데 그 밤중에 날이 얼마나 추운지 사

람들이 불 없으면 안 되기 때문에 불을 피웠다고 말합니다. 그리고 거기에 옹기종기 모여서 불을 쬔 거예요. 그런데 예수님이 기도하신 장소는 동네가 아니에요. 그리고 대제사장의 뜰도 아니고 겟세마네 동산입니다. 산이에요. 산은 동네보다도 아무리 적어도 1~2도 많으면 3~4도 그 이상의 온도 차이가 나는 것이지요. 그러니까 예수님께서 산에서 기도한 그 장소는 땀날 장소가 아니에요. 오히려 옷을 한 겹 더 껴입어야 하는 추운 그런 장소가 산이라는 말입니다. 그런데 그곳에서 기도하는 예수님이 땀을 흘린 거예요. 추운 날인데 그 땀방울이 핏방울같이 되었다는 말은 얼마나 우리 주님께서 하나님 앞에 사력을 다해서 기도했는가를 알 수가 있는 것이라 이 말입니다. 누가복음 22:55에 보면 "사람들이 뜰 가운데 불을 피워서 거기에 베드로도 있다" 그렇게 나옵니다.

> 사람들이 뜰 가운데 불을 피우고 함께 앉았는지라 베드로도 그 가운데 앉았더니(눅 22:55).

이 말은 땀은커녕 추워서 불을 피워야 하는 그러한 이 대제사장 뜰입니다. 그러니 산은 훨씬 더 춥고 땀을 흘릴 수 있는 상황이 아니라는 것입니다. 땀 대신에 옷을 껴입어야 하는, 그래야 추위를 견딜 수 있는 장소가 산이라는 사실입니다. 그런데 예수님이 땀을 흘려요. 땀을 뻘뻘 흘리는데 그 땀이 핏방울같이 된 것이라 이 말입니다. 얼마나 간절히 힘쓰고 애쓴 기도인가를 우리에게 느끼게 해 줍니다.

힘쓰고 애써 더욱 간절히 기도하시니

여러분, 예수님께서 그렇게 기도하신 이유가 뭐예요? 그렇게 사력을 다해서 기도한 이유가 뭐예요? 그것은 자기 생명 놓고 기도한 거예요. 예수님의 생명 문제를 놓고 기도한 것이라 이 말입니다. 어떻게 기도한 줄 아세요? "이 잔을 내게서 옮기시옵소서. 그러나 내 원대로 마옵시고 아버지의 원대로 하옵소서." 예수님은 자기 생명 문제를 놓고 하나님 앞에 엎드려 기도한 거예요. 조금 있으면 잡혀갈 것이고 그리고 날이 새고 다음 날 되면 십자가에 못 박혀 죽을 것을 예수께서 아신 것입니다.

여러분, 내가 죽을 것을 알고 있다면, 아니 내가 언제 어떻게 죽을 것을 알고 있다면 아마 그 사람은 잠을 못 잘 거예요. 우리 중에는 병원에 갔더니 생각지 않게 당황스러운 "조금 큰 병원에 가서 한번 검진해 봐야겠습니다.” 그 말만이라도 듣는 순간 다리가 후들후들 떨리는 사람도 있을 거예요. 여러분, 죽음 앞에 떨지 않는 사람 아무도 없어요. 그런데 예수님은 본인이 죽으러 오셨고 또 그 길을 묵묵히 걸어오신 예수님이시고 어떻게 죽을 것인가를 뻔히 아신 예수님이십니다. 내일이면 자신이 십자가에 못 박혀 죽을 것을 아시는 주님이신데 주님은 그날 밤의 기도가 그냥 기도가 아닌 것입니다. 생명 놓고 하나님 앞에 간절히 기도한 것이라 이 말입니다.

그것만이 아니에요. 예수님께서 기도하러 이제 겟세마네 동산에 가셔서 제자들에게 첫 번째 하신 말씀이 뭐냐 하면 “유혹에 빠지지 않게 기도하라” 그렇게 말씀하셔요. 그러고는 중간에 오셔서 제자들이 잠자는 것을 보고는 이렇게 말합니다. “어찌하여 자느냐? 시험에 들지 않게 일어나서 기도하라.” 처음에는 유혹이라고 말하고 나중에는 “시험에 들지 않게 일어나서 기도하라.” 밤새도록 기도하시는데 제자들은 자요. 자는데 왜 자는 줄 아세요? “슬퍼서 잤다” 그랬어요.

그 곳에 이르러 그들에게 이르시되 유혹에 빠지지 않게 기도하라 하시고(눅 22:40).

45 기도 후에 일어나 제자들에게 가서 슬픔으로 인하여 잠든
것을 보시고 46 이르시되 어찌하여 자느냐 시험에 들지 않게
일어나 기도하라 하시니라(눅 22:45-46).

여러분, 한번 생각해 보십시오. 예수님께서 지금 자기의 생명 문제를 놓고 기도합니다. 그리고 제자들로 하여금 함께 기도할 것을 요청해요. 그런데 아무도 기도를 안 합니다. 최소한 누구는 기도해야 하지요? 예수님의 수제자 베드로만큼은 기도해야 할 텐데 베드로도 기도하지 않습니다. 왜 기도하지 않고 그들이 자느냐 하면 슬픔으로 인하여서 잠을 잤다고 그랬어요. 슬픔으로 인하여. 슬퍼요. 너무 슬퍼. 그런데 이 슬픔은 사실은 한편으로는 이해가 되는 슬픔이에요. 제자들이 평소에 봤던 예수님과 달라요. 다른 때는 제자들과 함께 여유 있게 와서 기도도 하시고 또 그러셨는데 오늘 주님의 모습은 좀 달라요. 뭔가 심각하고 느끼는 게 있잖아요. 말은 않지만 우리에게서 멀어지는 그런 느낌, 좀 뭔가 모르지만 일상적인 우리들을 대했던 그런 모습이 아닌 그런 모습, 그러니까 말은 안 하지만 제자들의 마음속에 어떤 마음이 드느냐 하면 "아 우리에게서 멀어지나?" 하는 슬픔, 어떤 알 수 없는 일이 일어날 것 같은 두려움, 그 슬픔, 이게 제자들에

게 있는 거예요. 여러분, 우리 어렸을 때 조금 어렵고 근심되고 슬픈 일이 있으면 뭐 하려고 하지요? 잊어버리고 자려고 하지요? 맞아요? 안 맞아요? 그런데 성장하고 성숙하고 어떤 책임감이 있으면 오히려 책임감이 있으면 잠자요? 아니면 깨어서 어떻게 해결하려고 노력해요? 해결하려고 노력하는 것이지요. 오늘 제자들은 상태가 어떤 상태냐 하면 이미 밑바닥이에요. 믿음이 밑바닥이고 최소한의 사람의 도리도 밑바닥에 이렇게 내리깔린 거예요. 예수님에 의해서 어떤 모습을 보면, 최소한 정상적인 사람 같으면 옆에서 "예수님, 어떤 일입니까? 제가 좀 도와드릴까요?" 그렇게 말하는 게 맞는 것 아니겠어요? 그런데 베드로부터 시작해서 열두 제자가 전부 다 잠자는 거예요. 그리고 그중에 하나인 가룟 유다는 멀리 가서 배반해가지고 예수님을 잡으려고 이제 군인들을 데려오는 상태라 이 말입니다.

여러분, 이런 상태면 어떤 마음이 들겠어요? 기도하고 내려와서 쳐다보고는 기도할 마음이 있겠어요? 없겠어요? 아마 없을 겁니다. 그런데 예수님은 대책을 세우시고 그 대책을 그대로 실행하고 계신 것입니다. 사실 우리가 살면서 근심 걱정 없는 것은 없어요. 모든 사람이 다 근심 걱정이 있습니다. 염려도 있고요. 하루에도 수없이 많은 근심, 걱정, 염려가 우리에게 늘 왔다가 또 가고 왔다가 또 가고 그게 수도 없이 많습니다. 나이가 들면 들수록 훨씬 더 많고요. 그리고 인생의 경험을 많이 가진 사람일수록 훨씬 생각이 많습니다.

바울 사도는 우리에게 가르쳐줍니다. "아무것도 염려하지 말라." 그렇게 말합니다. "아무것도 염려하지 말라"는 말은 염려가 우리에게 있음을 말해줍니다. 오히려 염려 대신에 "하나님 앞에 기도하라. 그리하면 모든 지각에 뛰어난 하나님의 평강이 너희 마음과 생각을 지켜 주신다"라고 말씀해 주십니다.

> 6 아무것도 염려하지 말고 다만 모든 일에 기도와 간구로, 너희 구할 것을 감사함으로 하나님께 아뢰라 7 그리하면 모든 지각에 뛰어난 하나님의 평강이 그리스도 예수 안에서 너희 마음과 생각을 지키시리라(빌 4:6-7).

오늘 슬픔으로 인하여 잠자는 제자를 보면서 답답한 마음, 안타까운 마음을 금할 수가 없을 것입니다. 여러분, 만약에 제 아들이 큰 사고로 죽을 지경이 되었어요. 그래서 병원 중환자실에 들어갔습니다. 들어갔는데 저한테 전화 한 통이 와요. 어떤 사람한테 전화가 왔느냐 하면 배반한 사람한테 전화가 와요. "목사님, 제가 어려운 지경에 있는데 저를 위해서 기도해 주십시오." 그러면 여러분 어떻게 하겠어요? 여러분의 자녀 중에 정말 어려운 지경이 되어서 온통 거기에 신경이 곤두서 있는데 배반한 사람한테 전화가 왔어요. "형님, 나 좀 한번 만나주세요." 그러면 여러분 어떤 마음이 들겠어요? "아이고 고맙네! 어떻게 하다가 나한테 이렇게 전화가 왔어." 여러분, 쫓아가겠어요? 아니면 고함을 빽 지르면서 전화 팍 끊고 상종도 않겠습니까? 아마 틀림없이 상종 안 할 거예요. 목사인 저도 배반한 사람이 전화 오면 아마 절대로 그 전화 받고 기뻐하지 않을 겁니다.

그런데 오늘 예수님을 보십시오. 자기가 죽음 앞에 있어요. 죽음 앞에 있고 또 베드로에게도 말했습니다. "네가 오늘 닭 울기 전에 세 번 나를 부인할 것이라"고 분명히 말했는데도 불구하고 같이 산에 올라와서 기도하는데 기도하지 않고 잠자고 있는 베드로를 보면서 어떤 마음이 들겠어요? "내가 저것을 위해서?" 아마 그런 마음이 들 거예요. 그런데 주님, 전혀 그것과는 무관하게 오히려 밤새도록 기도하십니다. 자신의 생명을 놓고 기도할 뿐만 아니라 제자들을 위해서 기도하시는 예수님의 모습을 보게 됩니다. 어쩌면 예수님은 슬픔으로 잠들어 있는 그들을 보면서 훨씬 더 아픈 마음을 가지고 하나님 앞에 기도하지 않았나 생각이 듭니다.

예수님은 아셔요. 인간이 어떤 존재라는 것을 아십니다. 사람이 어떤 존재라는 것을 알아요. 사람은 연약한 존재입니다. 사람은 결단하지만 그 결단을 실행할 수 없는 무능한 존재인 것도 압니다. 언제든지 마음이 변하는 이게 사람인 것을 아십니다. 급한 일이 생기면 아니면 내가 목숨의 위기에 처하면 정치인도 군인도 배반한다는 것을 아십니다. 그런데 우리 주님은 그것과는 무관하게 오히려 베드로의 믿음이 떨어지지 않게 하기 위해서 기도하는 예수님의 모습입니다.

아직 말하고 있을 때에 닭이 곧 울더라

여러분! 베드로가 세 번 부인하는 그때 닭이 울잖아요? 기가 막힌 타이밍이잖아요? 오늘 본문을 잘 보시면 이렇게 나와요.

> 베드로가 이르되 이 사람아 나는 네가 하는 말을 알지 못하노라고 아직 말하고 있을 때에 닭이 곧 울더라(눅 22:60).

타이밍이 기가 막히지 않아요? 딱 맞잖아요? 세 번 부인하는

어간에 닭이 울어요. 여러분, 이것을 뻔히 알고 있는 예수님은 어떤 마음이겠어요? "베드로가 나와서 닭 우는 소리를 듣고는 밖에 나가서 통곡했다." 그렇게 말합니다. 통곡을 한 거예요. 여러분, 통곡한 이유가 뭐예요? 생각이 난 것이지요. 뭐가 생각이 나요? 예수님 말씀이 생각나요. 그래서 예수님께서 닭을 동원한 거예요. 그 시간이 울 시간이 아닌데 닭을 동원한 이유는 베드로로 하여금 닭 우는 소리를 듣고 생각나게 하기 위해서입니다.

여러분, 베드로가 여인들이 "당신도 그 당"이라고 말할 때 부인하는 그 말, "난 절대 아니야"라고 저주하면서 "난 그 사람과 아무 상관없어." 이렇게 말하는 것을 우리 한국식으로 말하면 "내 손에 장을 지지지." 이 말과 같은 거예요. "내가 예수님과 조금이라도 관계가 있다면 내 손에 장을 지져. 나 그런 사람 아니야." 이렇게 부인한 사람이 누구냐 하면 베드로예요. 그것도 누구 앞에서? 대제사장의 뜰 안에 예수님이 잡혀 있고 예수님이 보고 계시는데 그 앞에서 부인한 사람이 누구냐 하면 베드로라 이 말입니다. 여러분 같으면 어떻게 하겠어요? 고래고래 고함을 지르고 아마 난리 칠 거예요. 그러나 아니에요. 오히려 제자들을 위해서, 베드로를 위해서 기도하신 분이 우리 주님 예수 그리스도이십니다. 베드로가 닭 울면서 회개하게 된 것 그리고 베드로가 다시 제자리로 돌아오게 된 것은 전적으로 우리 주님 예수 그리스도께서 포기하지 않고 그가 믿음에서 떨어지지 않도록 기도해 주셨기 때문입니다.

그는 하나님 우편에 계신 자요 우리를 위하여 간구하시는 자시니라

여러분, 주님은 지금도 우리를 포기하지 않습니다. 하나님 우편에 앉아계신 주님. 지금은 이 땅에 계신 것이 아니라 하늘나라에 옮겨져서 하나님 보좌 우편에 앉아계신 주님은 다른 것을 하는 것이 아니라 우리를 위해서 간구하고 계신다고 말씀해 주십니다.

> 34 누가 정죄하리요 죽으실 뿐 아니라 다시 살아나신 이는 그
> 리스도 예수시니 그는 하나님 우편에 계신 자요 우리를 위하
> 여 간구하시는 자시니라 35 누가 우리를 그리스도의 사랑에서
> 끊으리요 환난이나 곤고나 박해나 기근이나 적신이나 위험이
> 나 칼이랴(롬 8:34-35).

여러분, 베드로를 위해서 대책을 세우시고 기도하신 그 주님은 지금도 하나님 보좌 우편에 앉으셔서 이 땅에 살고 있는 하나님의 백성들을 위해서 기도하고 계신다고 말씀해 주십니다. 주님은 절대로 하나님 백성을 포기하는 분이 아니십니다. 주의 백성들을 끝까지 책임져 주시고 인도해 주시고 보호해 주시는 분이 누구냐 하면 우리 주님 예수 그리스도이십니다. 그렇기 때문에 우리가 알아야 할 것이 세 가지가 있습니다.

첫 번째는 우리는 어떤 상황에서도 나 자신을 포기하면 안 된다는 사실입니다. 누구를 포기하면 안 된다고요? 나 자신을 포기해서는 안 됩니다. 왜 그런 줄 아세요? 주님께서 나를 포기하지 않기 때문입니다. 살다 보면 정말 포기하고 싶을 때도 있습니다. 살다 보면 도망치고 싶을 때도 있습니다. 살다 보면 진짜 끝장내고 싶은 마음 있을 때가 있습니다. "내가 꼭 이렇게 살아야 돼?" 아니요. 주님이 나를 포기하지 않고 있다는 사실을 기억하시고 여러분 자신을 결코 포기해서는 안 됩니다. 포기하지 않고 살라는 이 말의 의미는 "잘 참고 견디면 어느 날 쨍하고 해 뜰 날 오겠지." 그런 의미가 아니에요. 고진감래라고 "고생을 견디면 마침내 좋은 때가 오겠지." 그런 뜻도 아닙니다. 그런 의미로 포기하지 말라는 뜻이 아니에요. 포기하지 말라는 이 말은 우리 주님 예수께서 나를 포기하지 않기 때문에 내가 나를 포기해서는 안 된다는 말입니다. 우리는 이 사실을 알아야 해요. 이 세상을 창조하신 하나님께서 나를 포기하지 않고 있다는 사실을 알아야 하는 것이라 이 말입니다. 주님이 나를 포기하지 않았기 때문에 우리 인생은 아무도 나 자신을 포기해서는 안 되는 것이라 이 말입니다. 주님이 나를 포기하지 않고 끝까지 책임져 주시고 인도하시기 때문에 우리는 이 땅에 살면서 어떤 고난이 있고 어떤 억울함이 있다 할지라도 우리는 자신을 포기해서는 안 될 것을 우리에게 말씀해 주십니다. 인생의 밑바닥에 내려갈 수 있어요. 어떤 때는 억울한 일을 당할 때도 있어요. 그러나 주님 말씀하셔요. "그래도 내가 너를 포기하지 않는다. 내가 대책을 세우고 있다. 너를 위해서 기도하는 자가 있는데 그게 누구냐 하면 바로 나다." 우리 주님께서 그렇게 말씀하고 계신 것입니다.

또 하나가 있어요. 그것은 절대로 다른 사람을 포기해서는 안 된다는 사실입니다. "저 사람은 틀렸어. 저 사람은 가망 없어." 내가 결정 내리고 내가 판단해서는 안 된다는 사실입니다. "저 사람 아니야. 저 사람 절대 예수 믿을 사람이 아니야. 저 사람 돌아올 사람이 아니야. 저 사람 절대 돌아올 사람 아니야." 그 말을 내가 해서는 안 된다는 사실입니다. 왜냐하면 나를 포기하지 않는 우리 주님께서 여전히 또 다른 사람들을 포기하지 않고 계신다는 사실입니다. 아직 예수를 알지 못하는 사람을 우리는 내가 포기할 권한이 우리에게는 없습니다. 주님이 포기하지 않은 사람을 내가 포기할 수 없다는 사실입니다. 여러분 주변에 있는 정말 예수 믿어야 할 사람들을 여러분, 절대 포기해서는 안 된다는 사실입니다.

세 번째는 하나님을 절대 포기해서는 안 된다는 사실입니다. 이렇게 말하면 "목사님, 그 말은 좀 틀린 것 같습니다." 왜냐하면 누가 하나님을 포기해요? 어떻게 하나님을 포기하는 일이 생길 수가 있단 말이에요? 아니에요. 우리는 포기란 말을 마치 이상하게 생각할 수가 있는데 이 말을 들으면 이해가 될 것입니다. 하나님을 포기한다는 말은 "내가 상처받았다고, 나를 누가 무시한다고, 누가 무슨 말을 했다고, 목사님이 내 인사도 안 받아 줬다고 그래서 나 교회 안 나가, 나 교회 예배 안 드려." 이 말은 예배 행위를 포기하는 것이 아니라 예배를 받으시는 하나님을 포기한다는 것입니다. 때로는 우리가 신앙생활 하면서 기도하는데 기도 응답이 없어요. "아이고 기도 응답이 없어요. 난 절대 기도 안 할 거야." 이 말은 기도 행위를 포기하는 것이 아니라 기도를 들으시고 응답하시는 하나님을 포기하는 행위라는 것을 잊지 마시기 바랍니다. 여러분, 우리는 살다 보면 그런 말 할 때가 있어요. 나 교회 안가. 나 기도 안 할 거야. 여러분, 나도 모르게 욱하고 그런 말 나오잖아요? 그 말을 해서는 안 된다는 거예요. 하나님을 포기해서는 안 된다는 거예요. 우리가 살면서 다른 것은 몰라도 하나님을 포기해서는 안 돼요. 주님은 포기하지 않아요. 오히려 끝까지 우리가 곁길로 갈 것을 알면서 포기하는 것이 아니라 그 대책을 세우시면서 우리를 책임지시고 인도하시는 분이 누구냐 하면 우리 주님 예수 그리스도라는 사실입니다. 우리 중에 우리를 잘 아는 사람이 누가 있어요? 여러분, 우리 자신을 더 잘 아시는 분이 누구냐 하면 우리 주님 예수 그리스도셔요. 우리의 머리털 떨어지는 것까지 세시는 분이 누구냐 하면 우리 주님 예수 그리스도이십니다. 우리가 배반해도 그 배반할 것을 아시면서 대책을 세우시고 우리를 인도하시는 분이 누구냐 하면 우리 주님 예수 그리스도이십니다.

요한복음 13:1에 보면 예수님께서 자기가 떠날 날이 가까우니까 자기의 사람들을 사랑하시되 끝까지 사랑하셨다고 말씀해 주십니다. 그런가 하면 우리가 잘 아는 시편 23편에 보면 목자되신 우리 주님께서 이렇게 말씀하셔요. "내가 사망의 음침한 골짜기로 다닐지라도 해를 두려워하지 않을 것은 주께서 나와 함께 하심이라. 주의 지팡이와 막대기가 나를 안위하시나이다"라고 고백하고 있습니다. 그런가 하면 이사야 41:10에 보면 "두려워하지 말라. 내가 너와 함께 함이라. 놀라지 말라. 내가 네 하나님이 됨이라. 내가 너를 굳세게 하리라. 참으로 너를 도와주리라. 참으로 나의 의로운 오른손으로 너를 붙들리라." 이렇게 말씀해 주십니다. 주님께서는 오른손으로 붙들고 네게 이르기를 두려워하지 말라고 내가 너를 도와주리라고 말씀해 주십니다.

오늘 베드로, 닭 울기 전에 세 번 부인할 것을 뻔히 알면서도 그 베드로를 멀리하거나 내친 것이 아니라, 제거한 것이 아니라 오히려 베드로가 믿음에서 떨어지지 않도록 기도하신 분이 누구냐 하면 우리 주님 예수 그리스도이십니다. 주님은 지금도 우리를 위해서 기도해 주십니다. 우리의 약한 것을 아시고 우리의 믿음 없는 것을 아시고 우리에게 대책을 세우시고 우리가 그 자리에서 떨어지지 않도록 기도해주시는 분이 누구냐 하면 우리 주님 예수 그리스도이십니다.

오늘 어쩌면 초대받고 이 자리에 처음 나오신 분도 계실 겁니다. 아니면 오랫동안 장기 결석했다가 오늘 이 자리에 나오신 분도 계실 겁니다. 여러분, 정말 잘 오셨습니다. 주님은 여러분을 결코 포기하거나 내치는 분이 아닙니다. 오히려 대책을 세우시고 여전히 기도하시고 믿음에서 떨어지지 않도록 우리를 위해서 기도하시는 분이 누구냐 하면 우리 주님 예수 그리스도이십니다. 그 주님이 오늘 여러분들을 기다리고 계셨습니다. 여러분, 주님이 말씀하셔요. 영접하는 자, 곧 그 이름을 믿는 자들에게는 하나님의 자녀가 되는 권세를 주신다고 말씀해 주십니다. 오늘 이 주님을 여러분의 주님으로 모실 때 하나님의 자녀로 삼아 주신다고 말씀해 주십니다. 주님을 나의 구주로 영접할 때 주께서 우리를 자녀로 삼아주신다고 말씀해 주십니다. 이 시간 그 주님을 나의 구주로 모시고 나의 주님으로 영접하는 귀한 시간이 되기를 바랍니다. 기도하겠습니다.

· · · · ·

하나님, 고맙습니다. 대각성전도집회 첫 시간 오늘 이렇게 정말 천하보다 귀한 생명들을 허락해 주시고 나의 주님으로 모실 수 있는 귀한 시간을 주시니 감사합니다. 심령 심령들을 받아 주시고 하나님이 대책을 세우시고 분명 주께서 이 자리에 함께하시는 줄 믿습니다. 하나님 아버지, 우리를 위해서 기도해 주시는 주님이시여, 여기 모인 당신의 백성들을 안아주시고 인도하여 주시옵소서. 우리 함께 주님의 따뜻한 사랑 속에 살게 하여 주옵시고 결코 포기하지 않고 영광의 나라에 이르는 그날까지 우리 믿음으로 살아가는 주의 백성들 되게 해 주옵소서. 예수님의 이름으로 기도하옵나이다. 아멘.

2.

운명을 바꾸는 결단

• • • • •

역대상 4:9-10

살면서 애환이 없는 사람은 아무도 없어요. 어른이든 어린아이든 이 세상 살아가는 모든 사람은 다 어려움이 있고 고난도 있고 아픔도 있습니다. 언제인가 초등학교에 들어간 어린아이에게 물었습니다. "어때? 학교 입학해서 다니니 좋지?" 그랬더니 이 아이가 뭐라고 말한 줄 아세요? "너무 힘들어요." 그래서 제가 물었습니다. "뭐가 힘드니?" 그랬더니 "시간이 너무 없어요." 그러면서 시간이 너무 빨리 간다는 거예요. 그래서 제가 이렇게 물어봤습니다. "너도 시간이 빨리 가니?" 그랬더니 이 아이가 "예,

학교 갔다 오면 학원 가야지요. 학원 갔다 오면 또 학원 가야지요. 놀 시간이 없어요." 여러분, 어쩌면 태어나면서부터 아이가 엄마에게서 태어나면서부터 우는 그 순간 그때부터 우리는 내게 주어진 시간이 다하는 그날까지 계속하여 어쩌면 쫓기는 시간의 연속 속에 살고 있지 않나 생각이 듭니다.

오늘 본문에 등장하는 사람은 우리가 잘 아는 사람입니다. 평소에 야베스의 기도라고 우리는 늘 들었고 그렇게 말했습니다. 그런데 이 사람은, 오늘 본문은 사실은 운명을 바꾸는 그런 결단을 한 사람에 대해 소개하는 것입니다. 고난 가운데 야베스는 이 땅에 태어났습니다. 그리고 그가 성장하면서 결단합니다. 하나님께 기도하고 응답받은 그리고 수많은 오고 오는 많은 사람에게 도전을 주는 인물을 들라면 오늘 야베스를 들 수가 있습니다. 오늘 본문은 사실은 유다의 족보를 열거하고 있는 것입니다. 한 500여 명의 족보 속에 이 사람의 이름이 등록되어 있습니다. 그런데 사실 성경을 잘 읽어보면 족보를 읽을 때 그 족보를 읽으면서 은혜받는 사람은 아무도 없습니다. 왜냐하면 이름을 댈 때 아무도 그 이름의 뜻을 모르고 그 의미도 모르기 때문입니다. 우리나라는 그래도 쉽게 알 수가 있습니다. 홍길동 하면은 "아 누구 조선시대에 나왔던 소설책의 주인공"이라고 쉽게 이름을 기억할 수가 있습니다. 그런데 성경에 나오는 이름은 읽어도 어렵고 또 읽고 난 뒤에도 기억이 남지 않는 낯선 그런 이름들입니다. 그렇기 때문에 성경을 읽을 때 족보가 나오면 우리는 참 힘듭니다. 오늘 족보 중에 모두가 다 이름이 한 자 한 자 이렇게 지나가는데 야베스가 등장할 때는 두 구절이 이렇게 할애되면서 소개하고 있습니다.

내가 수고로이 낳았다

"야베스"라는 이름은 고통 혹은 슬픔이란 뜻을 가지고 있습니다. 오늘 9절에도 보면 야베스 어머니가 이렇게 말하고 있는데 같이 한번 읽어보도록 하겠습니다.

> 야베스는 그의 형제보다 귀중한 자라 그의 어머니가 이름하여 이르되 야베스라 하였으니 이는 내가 수고로이 낳았다 함이었더라(대상 4:9).

야베스의 어머니가 아이를 낳고는 이름을 뭐라고 짓냐면 "야베스"라고 그렇게 지었습니다. "내가 수고로이 낳았다." 이것 보면은 야베스를 낳으면서 어머니가 몹시 고생하지 않았나 생각이 듭니다. 아이도 힘들고 본인도 어쩌면은 몹시 힘들지 않았나 생각이 듭니다. 어느 집이든 아이가 태어나면 이름을 짓습니다. 그런데 이름을 지을 때 모든 사람은 의미 있는 이름을 짓습니다. 좋지 않은 이름을 짓는 부모는 아무도 없습니다. 물론 과거에 우리의 부모님들 중에 아들 없는 집에서는 딸만 낳기 때문에 나중에는 딸 이름을 이렇게 짓는 이름도 있어요. "딸고만"이라고요. "딸을 고만 낳아라." 이 말이지요. 이 말은 나쁜 의미로서 짓는 게 아니라 소원이 담겨 있는, 이제 고만 딸 낳고 아들 낳고 싶다는 그런 소원으로 이름을 짓는 것이지 나쁜 의미로 짓는 것은 결코 아닙니다. 이름의 뜻은 다 있습니다. 아브라함 하면 열국의 아버지, 이삭은 웃음, 모세는 물에서 건진 자, 그런 의미가 있습니다. 우리나라도 이름을 지을 때 다 그 의미가 있습니다. 제 이름도 의미가 있습니다. 부모님이 제 이름을 지어줄 때 많이 고민했다고 그렇게 말합니다. 동녘 동자, 도울 필자. "동쪽에서 많은 사람을 도와주라." 제가 풀이한 거예요. "이렇게 많은 사람을 도와주면서 살라!" 그런 의미를 부여해 준 거지요. 어쨌든 간에 모든 사람은 자기 이름에 대해서 다 좋게 해석하고 의미를 가지고 있습니다.

그런데 야베스의 이름은 좋은 이름이 결코 아니에요. 고난을 담은 이름입니다. 나쁜 이름을 짓고 고난을 담은 이름을 짓는 사람은 아무도 없어요. 예를 들어서 이가난, 최슬픔, 조절망, 뭐 이런 이름을 짓는 사람은 아무도 없어요. 조금 더 나아가서 홍환란, 그런 이름을 짓는 사람은 아무도 없다 이런 말입니다. 더군다나 어머니가 아이를 낳고 야베스란 이름을 짓는 것을 보면 아버지가 없지 않나 생각이 듭니다. 왜냐하면 이스라엘의 모든 족보는 아버지를 중심해서 이름을 짓고 열거되기 때문입니다. 이것을 보면 아버지가 없든지 아니면 이 가정에 문제가 심각하게 있던지 어쨌든 간에 이 아이, 태어나면서부터 수난이 시작이 된 겁니다. 여러분, 이런 때일수록 어쩌면 조금만 생각하면 고난이 있고 수난이 있고 아픔이 있다면 거꾸로 야베스, 슬픔과 고통 그렇게 짓지 않고 이렇게 지을 수 있잖아요. 이번영, 김형통, 김축복, 뭐 이렇게 이렇게 지을 수 있는데 어머니가 굳이 야베스라고 이름을 지은 것을 보면 자기 자신의 인생을 부정하고 싶은 그런 마음이 이 야베스의 어머니에게 있지 않나 생각이 듭니다. 이 아이를 낳고 망가진 자기 인생을 하나님 앞에 탄원하듯이 어쩌면 절망적인 내 인생을 이 아이의 이름을 딱 지으면서 거기다가 투영시키지 않았나 생각이 듭니다.

여러분, 이런 가운데 태어나서 자라난 야베스는 어떤 마음이겠어요. 누가 볼 때, 동네 사람들이 볼 때도 이 고통, 이 슬픔 그리고 식구들이 볼 때도 야베스를 보면 이렇게 말해요. 이 고통, 이 슬픔. 여러분, 그럴 때 야베스가 어떤 마음을 가지고 자라났겠느냐 이 말입니다. 어쩌면 말 못 하는, 그 속에 있는 응어리를 혼자 한을 가지고 품으면서 이런 생각을 하지 않았나 생각이 듭니다. "왜 나는 이 땅에 태어났을까? 도대체 내가 왜 이 세상에 태어나서 이렇게 고생을 하는가? 인생은 이렇게 살다가 끝나는가?" 비록 어리지만 다 이런 생각을 하게 되는 거라 이 말입니다.

저는 어른만 고민하는 게 아니라 어린아이도 고민한다고 늘 생각합니다. 어린아이 때 고생하게 되면 이 아이 마음속에 있는 것은 "어떻게 이 고난을, 이 고생을 통과할까? 이 아픔을 통과할까?" 이게 어른만 있는 게 아니라 어린아이도 있는 거예요. 어쩌면 야베스는 누구보다도 일찍이 철든 그런 아이가 아니었나 생각이 듭니다. "저주 같은 자신의 안타까운 인생을 어떻게 하면 좀 이렇게 역전할 수 있을까? 좀 내가 이렇게 역전해서 살 수 있는 방법은 없을까?" 누구보다도 많이 고민하고 아픔을 끌어안고 산 사람이 있다면 야베스일 겁니다. 우리 중에도 사실은 이런 아픔을 가진 사람들은 참 이 야베스의 이 정도 이야기만 들어도 공감하는 내용이라고 생각이 듭니다. 저도 가난했을 때, 초등학교 다닐 때, 1학년 때입니다. 너무 배고파서 그때는 다 점심을 굶을 때잖아요. 너무 배고파서 오다가 풀밭에 누웠어요. 한참을 누워있다가 그다음에는 이제 집에 갔어요. 왜냐하면 어머니가 또 걱정할까 봐서. 그러고는 이제 아무도 모르게 집에 가서 "배고파서 쓰러져서 누웠다." 그 말을 부모에게 할 수 없잖아요. 왜냐하면 걱정할까 봐서. 그럴 때 얼마나 많은 생각을 하고 자랐겠느냐 이 말이에요. 오만 생각을 많이 했을 거예요.

야베스의 기도

그런데 야베스는 그 어려운 때, 사실 사람이 살다 보면 내가 정말 어려우면 나에게 도움을 줄 사람이 누굴까 하고 관심은 어디에 있냐면 내가 약한 부분에 도움 줄 사람에 대해서 관심을 갖게 되어 있습니다. 돈이 없으면 누가 돈이 있는가, 몸이 아프면 누가 잘 고쳐주는가, 정말 사람들은 자기에게 맞춰서 선택하는 거라 이 말입니다. 그런데 야베스는 오늘 보면 그가 운명을 바꾸는 결단을 한 것을 보게 됩니다. 그는 사람을 선택하지를 않았습니다. 야베스가 선택한 것은 하나님입니다. 안타까운 저주 같은 인생, 정말 누가 와도 고통, 슬픔, 그렇게 부르는 자기의 이름, 그런데 이 야베스는 누구를 봐도 자기의 속마음을 내놓을 수 없는 어쩌면 하루하루 사는 것이 힘들기도 하지만 내 마음을 누구에게 내놓을 수 없는 그런 야베스는 결단하면서 하나님을 찾습니다. 야베스가 하나님 앞에 기도한 내용이 10절에 나옵니다.

> 야베스가 이스라엘 하나님께 아뢰어 이르되 주께서 내게 복을 주시려거든 나의 지역을 넓히시고 주의 손으로 나를 도우사 나로 환난을 벗어나 내게 근심이 없게 하옵소서 하였더니 하나님이 그가 구하는 것을 허락하셨더라(대상 4:10).

야베스의 기도를 보면 세 가지예요, 첫 번째는 이스라엘 하나님께 아뢰었다. 두 번째는 내게 복을 주시려거든 나의 지역을 넓혀 달라. 그리고 세 번째는 나를 도우사 나로 환난을 벗어나 내게 근심이 없게 해 달라. 이렇게 이 세 가지를 기도합니다.

이스라엘의 하나님

야베스는 기도할 때 누구에게 기도하냐면 "이스라엘의 하나님께 기도했다"라고 말합니다. 우리는 성경을 보면 조금 믿음을 가진 사람이라면 이렇게 기도하는 것을 많이 봅니다. 아브라함의 하나님, 이삭의 하나님, 야곱의 하나님. 그런데 야베스는 그렇게 기도하지 않고 "이스라엘의 하나님"이라고 단도직입적으로 하나님 앞에 기도하는 것을 보게 됩니다. 여기에는 많은 것이 내포되어 있는데 그중 하나가 뭐냐면 이스라엘은 어디에서 출발하게 되냐면 야곱이라는 이름에서부터 출발하게 된다는 것입니다. 야곱은 이삭의 아들입니다. 그런데 그가 태어날 때 쌍둥이로 태어나는데 자기 형 에서가 먼저 태어나는데 야곱이 그 발꿈치를 잡고서 태어나서 "야곱"이라 그렇게 말합니다. 야곱은 밉상이에요. 거짓말도 잘하고 형이 가지고 있는 장자권과 그 복을 자기가 가지려고 거짓말도 하고 그다음에 이렇게 적당히 위장술도 하고 그러면서 가로챈 사람이 누구냐면 야곱입니다. 형 에서는 싸움도 잘하고 남자답고 그렇게 사나이다운 그러한 형입니다. 힘으로는 게임이 안 돼요. 그런데 가로챘기 때문에 형이 야곱을 죽이려고 합니다. 그래서 저 먼 하란 땅, 외삼촌 라반의 집까지 야곱이 도망을 갑니다. 20년 동안 그곳에 살면서 처자식을 많이 거느리게 됩니다. 어느 날 가만히 생각하니까 집으로 돌아가고 싶어요. 사람이 나이가 들면 귀소 본능이 있듯이 고향으로 돌아가고 싫고, 부모님도 만나보고 싶고, 자기를 죽이려고 하지만 형 에서도 만나보고 싶은 마음이 생깁니다. 그래서 처자를 거느리고 드디어 고향 땅으로 돌아오게 됩니다. 돌아오는 중, 20년이니까 다 이제는 묻히고 끝난 일인 줄 알았는데 자기 밑에 있는 하인들에게서 연락이 옵니다. 에서가 400명의 군사를 거느리고 이쪽으로 온다는 그런 전갈을 받게 됩니다. 야곱은 정말 깜짝 놀라요. 20년이나 흘렀는데 마치 어제 일어난 것처럼 생생하게 기억이 떠오르고 형 에서가 자기를 향해서 사백 명의 군사를 데리고 온다는 말을 들을 때에 초죽음이 됩니다.

여러분, 사람은 어렸을 때를 빼고는 나이가 들고 내가 충격을 받은 것은 결코 잊어버리지 않고 내가 잘못하고 내가 실수한 것을 잊어버리지를 않는 것입니다. 20년이 아니라 100년이 흘렀어도 마찬가지고 더 많은 세월이 흘렀어도 사람은 결코 잊어버리지를 않아요. 그렇기 때문에 우리는 할 수만 있으면 죄를 짓지 않아야 합니다. 뒤돌아봤을 때 아름다운 추억, 그리고 고난이 있을 때 죄를 짓지 않고 끝까지 선을 추구하는 이것, 우리는 세월이 흐른 뒤에 나이가 들어서 힘을 못 쓰는 그때 뒤돌아봤을 때 "그래, 그때 내가 참 잘했지. 내가 그때 실수할 뻔했는데 실수하지 않고 여기까지 살아온 것을 생각하면 내가 참 대견해." 그런 거예요. 이것이 진짜 사람이고 우리가 가야 할 길입니다.

황량한 벌판이잖아요. 아무도 만날 수가 없어요. 그런데 전갈을 받기를, 형 에서가 400명의 군사를 거느리고 자기를 죽이러 오는 길이라는 것입니다. 도무지 앞을 향해서 전진할 수가 없습니다. 그래서 어떻게 해요? 한 떼와 두 떼로 떼를 나누어서, 자기 종들을 떼를 나누어서, 그리고 자기 자녀들을 떼를 나누어서 다 보내고는 얍복강에 그가 머물러 있습니다. 야곱은 자기에게 찾아온 사람을 붙들고 밤새도록 매달려 씨름하는데 그가 바로 하나님이십니다. 하나님이 야곱에게 찾아온 거예요. 날이 새려 할 때, 야곱에게 "날이 새려 하니까 내가 이제 가야겠다. 날 좀 놔 달라." 그러니까 야곱이 결코 놓지 않아요. 꽉 붙잡고 끝까지 "당신이 나에게 복을 주시지 않으면 내가 보낼 수가 없습니다" 하고는 붙들어 가지를 못하게 합니다. 그때 하나님께서 야곱에게 묻습니다. "네 이름이 뭐냐?" 그러니까 "야곱입니다." 그때 그 자리에서 하나님이 뭐라고 말씀하시냐면 "네 이름을 다시는 야곱이라 부르지 않고 이스라엘이라 부르리라." 이 이름의 뜻이 뭐냐면 두 가지가 담겨 있어요. "하나님과 겨루어, 그리고 사람과 겨루어 이겼다. 하나님도 이기고, 사람도 이겼다!" 그런 뜻이에요.

그가 이르되 네 이름을 다시는 야곱이라 부를 것이 아니요 이스라엘이라 부를 것이니 이는 네가 하나님과 및 사람들과 겨루어 이겼음이니라(창 32:28).

여러분 야곱이 하나님과 겨루어서 밤새도록 씨름하고 놓지를 않은 거예요. 못 가게 왜 그래요? 자기가 응답을 받지 않으면 이거 끝나는 거거든요. 이 황량한 벌판에서 자기를 도와줄 사람은 아무도 없는 거예요. 하나님밖에 없는 거예요. 그래서 하나님께서 그 이름을 바꾸어 주고 그다음에 떠나는데 야곱의 고백이 기가 막힌 겁니다. 내가 하나님을 뵈었는데 내가 죽지 않고 살았다. 내가 하나님을 뵈었는데 내가 죽지 않고 살았다! 이걸 브니엘이라고 하자. 이게 창세기 32:30인데, 함께 읽겠습니다.

그러므로 야곱이 그 곳 이름을 브니엘이라 하였으니 그가 이르기를 내가 하나님과 대면하여 보았으나 내 생명이 보전되었다 함이더라(창 32:30).

하나님의 얼굴을 본 사람 치고 살아남은 사람이 없어요. 아무도 볼 수가 없지요. 그런데 야곱이 하나님을 봤지만 죽지 않고 살았어요. 이건 뭐예요? 하나님이 살려주신 거지요. 하나님이 져주신 거예요. 밤새도록 매달리는 야곱에게 하나님이 힘이 없어서 지나요? 아니요. 져주신 거예요. 또 하나는 형 에서가 와서 화친합니다. 여러분, 누구도 이긴 거예요? 형 에서도 이길 수 없는데 이긴 거예요. 어떻게 이긴 거예요? 하나님 은혜로! 하나님도 사람도 이긴 이 놀라운 것을 야곱이 경험하게 된 거라 이 말입니다.

오늘 야베스는 역사를 볼 때 아브라함의 하나님까지 가고 싶은 마음도 없고 그런 생각이 없어요. 처절한 가운데 있는 야곱은 누구의 하나님 부르짖냐면 이스라엘의 하나님, 이름을 바꿔준 이스라엘의 하나님, 내 인생을 바꾼 이스라엘의 하나님에게 그가 매달리면서 지금 붙잡고 있는 거라 이 말입니다. 여기 알아야 할 뜻이 뭔 줄 아세요? "아뢰어"라는 말은 "부르짖어"라는 말이에요. "부르짖어"라는 뜻입니다. 이 야베스가 하나님을 향하여서 울부짖으면서 하나님 앞에 기도한 이것을 아뢰어, 애절한 기도, 생명 걸고 "하나님이 도와주지 않으면 나는 이제 끝입니다." 여러분, 야베스는 고난을 경험한 사람이에요. 인생의 결격사유, 핸디캡을 가지고 태어난 사람이라 이 말입니다. 그런 사람이 부르짖는 기도는 그야말로 애간장을 녹이는 그런 부르짖음입니다.

사람이란 누구든지 자기의 아픔을 누구에게 말하면 아무도 도와주지를 않아요. 오히려 그것을 약점으로 삼을 뿐입니다. 야베스는 자라면서 아무도 자기에게 한 번도 선하게 대해준 사람을 못 봐요. 자기의 아픔, 자기의 결함, 어쩌면은 그 환란 그것이 오히려 더 약점인 것을 너무나도 잘 압니다. 사람이 어려우면 더 외면하게 되어 있습니다. 사람이 약하면 사람은 무시하게 되어 있습니다. 야베스는 하나님 외에 자기를 도와줄 자 없는 것을 깨닫습니다. 여러분, 야베스만 그런가요? 아니요. 우리 모두도 사실은 하나님만이 우리의 도움이십니다. 사실은 하나님만이 우리의 도움이십니다. 어떤 때는 부모님도 자식의 마음을 모를 때가 있고 자식도 부모의 마음을 모를 때가 많습니다. 오늘 야베스가 이스라엘의 하나님이라고 말한 것은 야곱을 바꿔서 변화시키고 그에게 복을 주신 그 하나님. 그 하나님은 어떤 하나님이냐면 언약의 하나님, 약속의 하나님, 한번 약속하면 끝까지 지키시는 그 하나님인 것을 야베스가 믿은 것입니다.

여러분, 하나님은 한번 약속하시면 그 약속을 끝까지 지키시는 하나님이십니다. 그래서 언약의 하나님이라고 말해줍니다. 하나님은 한 번도 변개한 적이 없어요. 하나님은 한 번도 우리를 속인 적이 없습니다. 오늘 낮에도 말씀을 드렸습니다만 베드로가 배반할 것을 알면서도 맺어진 스승과 제자이기 때문에 우리 주님은 끝까지 베드로를 그 믿음의 자리에서 떨어지지 않도록 대책을 세우셨는데 끝까지 기도로 그를 믿어주고 세워주신 분이 우리 주님 예수 그리스도이십니다. 여러분, 오늘 이 시대도 마찬가지예요. 우리의 기도를 들으시는 분이 누구인가? 변치 않고 우리를 대해주시는 분이 누구인가? 하나님 한 분밖에 없습니다.

주께서 내게 복을 주시려거든 나의 지역을 넓히시고

이 야베스가 기도한 첫 번째가 뭔 줄 아세요? "주께서 내게 복을 주시려거든 나의 지역을 넓혀 달라"고 말합니다. 여러분, 일반적인 기도가 아니에요. 자기가 결격사유가 있고 지금 너무 고통스러운데 "자기에게 복을 주시려거든 나의 지역을 넓혀 달라." 그렇게 기도합니다. 사람이 어려우면 자기 어려움을 먼저 기도할 거예요. 몸이 아프면 "하나님, 나를 낫게 해주세요. 건강 주세요." 그러지 않겠어요? 가난하면 "돈 좀 주십시오. 먹고 살 것을 주십시오." 그렇게 기도하는 것 아니겠어요. 아니면 내가 모든 게 꼬이고 꼬이고 그러면 "하나님, 나에게 만사형통 주십시오." 그렇게 기도하는 게 당연하지 않아요? 그런데 결격사유가 있고 고난이 있고 아픔이 있고 고통이 있고 슬픔이 있는데 이것을 기도하는 게 아니라 "나에게 복을 주시려거든 나의 지역을 넓혀 달라"고 옛날에 개역한글 성경에는 "지경을 넓혀 달라"고 그렇게 기도를 한 거예요.

여러분, 나의 지역을 넓혀달라는 말은 어떤 의미예요? 물론 넓은 땅을 달라는 그런 의미도 있어요. "하나님, 저에게 복을 주시려거든 넓은 땅을 주십시오." 결국은 뭐예요? 부동산을 달라는 거 아니에요. 그러면 부동산 달라는 것을 성경이 너무 귀중해서 기록할 만큼 부동산, 부동산 그러면 우리가 기도할 때 하나님 땅덩어리를 주십시오 그러면은 하나님이 옳거니 하고 이렇게 성경에 기록할 만큼 그런 멋있는 기도예요? 그렇다면 성경은 잘못된 거지요. 그러면 이렇게 말해야지요. "부동산 사업을 해라! 그럼 복 받을 거다." 그래야 할 거 아니에요.

여러분, 여기 나의 지역을 넓혀달라는 의미는 원래 의미가 뭐냐면 활동 무대예요. 하나님을 위한 사역, 정말 나로 하여금 주님을 위해서 멋지게 이렇게 활동 할 수 있는 그런 지역을 넓게 해달라는 그런 의미예요. 만약에 어떤 회사에 사장이 있는데 직원이 이렇게 말합니다. "사장님, 사장님, 제가 정말 이 회사를 위해서 사장님을 위해서 내가 활기 있게 활동을 해야겠는데 한번 넓혀줄 생각 없습니까?" 그럴 때 사장이 어떤 마음이 들겠어요? "와 이거 괜찮네." 그런 대견한 마음. 오늘 야베스가 어떤 마음이냐면 그가 열악한, 어쩌면 핸디캡을 가지고 있지만 "내가 정말 하나님을 위해서 멋지게 한번 쓰임 받고 싶고 그 활동 무대가 좀 넓어졌으면 좋겠다"라는 그런 일념으로 "하나님, 내가 비록 핸디캡을 가지고 있고 내가 비록 누가 보면 참 무시당하고 고통이요 슬픔인 그런 존재이지만 내가 하나님, 좀 내 지역을 한번 넓혀주십시오. 내가 주님을 위해서 멋지게 활동 무대가 넓어서 좀 이랬으면 좋겠습니다." 그런 의미로 하나님 앞에 기도한 거라 이 말입니다.

오늘 야베스가 기도한 것은 사실은 재산이 아니에요. 하나님께 초점을 맞춘 겁니다. 주님을 위해서 일하겠다는 것입니다. 야베스가 구한 것은 사실은 재물이 아니라 그가 구한 것은 사역입니다. 주님을 위한 사역, 오히려 약속을 지키시고 야곱을 변화시켜서 이스라엘 만드신 그 하나님, 그분을 위해서 "내가 비록 어떤 결함을 가지고 있는 내 인생이지만 내가 주님을 위해서 한번 멋있게 일하고 싶은 그런 마음"이 야베스에게 있었던 것입니다. 야베스가 구한 것은 안락한 그저 변화가 없는 게 아니라 오히려 틀을 깨고 나오는 변화의 초점을 맞춘 겁니다. 야베스가 구한 것은 어떤 제한된 지역이 아니라 무한한 이 무한한 한계가 없는 그것을 야베스가 구한 겁니다. 지역을 넓게 해 달라는 말은 자기의 틀을 깨야 하고 뚫고 나와야 하는 거라 이 말입니다. 다시 말해서 안전하고 안락한 그런 형편에서 나와야 만이 지역이 넓어지는 거고 그런 새로운 지역을 정복하려면 힘쓰고 노력하고 애를 써야만 되는 거라 이 말입니다. 이것은 안정된 사람에게는 귀찮은 일이고, 이미 자리 잡은 사람에게는 새로운 모험을 하고 싶게 만들지 않는 그런 것이라 이 말입니다. 그런데 야베스는 오히려 변화를 추구하고 주를 위해서 끊임없이 사역하고 싶은 그런 열망을 하나님 앞에 기도한 것이라 이 말입니다.

여러분, 이런 야베스에 대해서 하나님이 어떤 마음을 가지겠어요. 우리는 마태복음에 보면 25장에 주인이 먼 길을 갈 때 다섯 달란트와 두 달란트와 한 달란트를 맡기면서 이렇게 떠납니다. 그때 다섯 달란트와 두 달란트를 받은 종들에 대해 이렇게 표현합니다. "곧 가서. 나가서 장사하여, 이득을 남겼다." 그렇게 말합니다. 주인이 돌아와서 뭐라고 말한 줄 아세요? "착하고 충성된 종"이라고 말합니다.

그 주인이 이르되 잘하였도다 착하고 충성된 종아 네가 적은 일에 충성하였으매 내가 많은 것을 네게 맡기리니 네 주인의 즐거움에 참여할지어다 하고(마 25:21).

야베스는 자기 인생을 걸고 하나님 앞에 기도합니다. "하나님, 내가 한번 주님을 위해서 한번 뛰고 싶습니다." 도전하는 그런 기도입니다. "내 지경을 넓혀주십시오. 내 지역을 넓혀주십시오. 내가 주님을 위해서 뭔가 한번 하고 싶습니다." 여러분, 특별히 우리 젊은 청년들, 우리 하나님은 지경이 한없이 넓으신 하나님이십니다. 하나님이 이 세상을 창조하시고, 오늘 우리에게 하신 명령이 뭔 줄 아세요? 땅을 정복하고 지배하고 다스릴 것을 말씀하셨습니다. 사람은 어느 정도 살만하면 안정권을 갖고 변화를 싫어해요. 그런데 오늘 야베스는 자기의 결함이 있음에도 불구하고 내 인생을 변화시키는 하나님 앞에 도전합니다. 자기 운명을 바꾸는 결단을 내리는 거예요. "하나님, 내가 주님을 위해서 한번 쓰임 받고 싶습니다. 내가 주님을 위해서 한번 활동하고 싶습니다." 여러분, 주님 편에서 볼 때는 얼마나 착하고 충성된 종이겠습니까?

여러분, 우리 모두는 사실 이 땅에 그냥 태어나고 그냥 갈 인생이 아닙니다. 한 사람 한 사람을 너무 소중하게 여겨요. 모두에게 의미가 있고 모든 사람, 한 사람, 한 사람이 정말 값지게 살다가 주님 앞에 오기를 원하는 게 우리 주님 예수 그리스도이십니다. 가난하게 살아본 사람들은 알 거예요. "내가 커서 얼마나 돈을 벌까? 내가 이 가족을 먹여 살릴까?" 그리고 돈이 없는 사람들 어떻게 움직이고 뛸 수가 없기 때문에 기가 죽을 수밖에 없어요. 그런데 오늘 야베스는 운명을 바꾼 하나님을 선택하고 하나님을 바라보았을 때 그는 자기가 가지고 있는 틀을 깨고 나오게 된 겁니다. 인생을 걸만한 분이 누구인 줄 아세요? 우리 주님 예수 그리스도이십니다.

강영우 박사는 중학생 때에 친구가 찬 축구공에 맞아서 실명하게 됩니다. 그런데 그는 결국은 어디까지 간 줄 아세요? 미국의 백악관까지 들어간 사람이 강영우 박사입니다. 그가 고백하기를 이렇게 고백하지요. 예수를 잘 믿은 그런 믿음의 선배입니다. "내 눈에는 좋은 것밖에 안 보였다." 여러분, 앞이 안 보이는 분이 어떻게 그런 말을 할 수 있어요? 앞이 안 보이는 분이 어떻게 그런 말을 할 수가 있느냐 그런 말이지요. "내 눈에는 좋은 것밖에 안 보였다." 야베스는 자기의 인생을 걸 만한 이스타엘 하나님을 만납니다. 그리고는 "내가 주님을 위해서 내 지역을 넓혀 달라"고 요청합니다.

주의 손으로 나를 도우사

그것만이 아니에요. 여러분, 거기에 따라오는 기도가 오늘 두 번째인데 야베스는 주의 손으로 나를 도와 달라고 기도합니다. 철저하게 하나님 중심이지요. 야베스는 하나님께 도움받기를 원합니다. 하나님의 손에 도움을 원했습니다. 사람의 도움은 오래가지 않는 것을 야베스는 너무 잘 알아요. 그리고 아무나 사람은 투자하지 않는다는 것도 너무 잘 압니다. 봐서 소득이 있으면 사람들은 투자하지 자기에게 이득이 없으면 투자하지 않습니다. 그것을 나쁘다고 할 수 없어요. 야베스는 훨씬 더 인간이 얼마나 야박한가를 누구보다도 잘 압니다. 자신을 볼 때 자신에게 투자할 사람이 아무도 없다는 것을 야베스는 압니다. 사실 어려운 형편에 있는 사람을 누가 도와주겠어요. 야베스는 이스라엘의 하나님, 약속하면 변하지 않는 그 하나님, 야곱을 변화시킨 그 하나님, 그 하나님만이 나에게 도움인 것을 깨닫습니다.

사실 이사야 선지자도 어려운 때에, 모두가 다 신앙에서 이탈하는 그런 때에 이렇게 고백해요. "주는 우리의 아버지입니다. 우리는 진흙이고 주는 토기장이고 우리는 다 주의 손에 지음 받은 자입니다." 그런 고백을 해요.

그러나 여호와여, 이제 주는 우리 아버지시니이다 우리는 진흙이요 주는 토기장이시니 우리는 다 주의 손으로 지으신 것이니이다(사 64:8).

무슨 말이에요? 이사야도 "하나님만이 모든 것을 주관한 것"을 고백합니다. 오늘 야베스도 마찬가지예요. "하나님이 도와주셔야만 내 인생이 평탄하게 되고, 굴곡진 인생이 곱게 되는 것"을 그가 깨닫습니다. 여러분, 우리 중에도 있잖아요. 예수를 안 믿다가 예수님 만나서, 예수 믿기 전에는 돈 벌었을지도 모르지요. 그러나 늘 힘들고 사는 날들이 불안불안하지만, 예수 믿고 난 뒤에 사는 삶이 예수 믿기 전의 삶과 너무 다르다는 것을 우리는 너무 잘 알지요. 왜 그래요? 주의 손이, 하나님의 손이 우리를 붙드시기 때문입니다. 성도의 큰 자랑이 뭔지 아세요? 예수 믿는 성도는 하나님이 그를 붙들어 주신다는 사실이에요. 오늘 야베스는 그 하나님의 손이 나를 도와주기를 기도했다는 사실입니다. "주의 손으로 나를 도와주시옵소서." "주의 손으로 나를 도와주시옵소서." 야베스는 철저하게 하나님의 도움을 기도합니다. 사실 우리 인생의 주인은 하나님이십니다. 우리 왕도 하나님이십니다. 내 인생의 주인이 내가 아닌 것을 누가 아냐면 성도들이 압니다. 예수 믿기 전에는 “내 인생의 주인은 나”라고 그렇게 말합니다. 그러나 예수 믿고 나면 “내 인생의 주인이 누구냐면 하나님”인 것을 깨닫습니다. 야베스는 바로 자기의 주인이 하나님이신 것을 그리고 그분이 나에게 힘을 공급해야만 내가 사는 것을 깨닫습니다.

야베스, 그는 기도합니다. “주의 손으로 나를 도와주시옵소서. 가장 절박한 가운데 진짜 나를 안전하게 도울 수 있는 분은 하나님밖에 없습니다.” 그리고 이렇게 기도합니다. “나로 하여금 환난을 벗어나 내게 근심이 없게 하옵소서.” 이런 기도는 사실은 고난을 경험해보지 못한 사람은 이런 기도를 못 할 거예요. 대다수 사람은 하나님께 복 받기를 원합니다. 결과가 어떻게 나올지 모르지만 지금 당장 하나님께 기도하기를 복 받기를 다 그렇게 기도합니다. “복 주십시오. 복 주십시오.” 그런데 야베스는 그렇게 기도하지 않아요. “나에게 복을 주시려거든 지역을 넓혀 달라”고 그렇게 기도합니다. “주의 손으로 도와 달라”고 기도합니다. 그리고 이렇게 기도합니다. “나로 환란을 벗어나 내게 근심이 없기를” 기도합니다. 왜 그래요? 여러분, 야베스는 환난이 얼마나 힘든가를 누구보다도 잘 압니다. 고난이 얼마나 아픈가도 야베스는 잘 압니다.

10가지 중에 9가지가 좋지만 한 개가 나쁘면 힘들어요. 어느 단체에서든지 다 좋은데 몇 사람이 나쁘면 그 단체는 안 돼요. 몸이 다 건강해도 한 군데가 뼈가 아프게 아프면 9개가 다 아파요. 맞아요? 안 맞아요? 이해가 안 되면 한 가지 더 예를 들겠습니다. 멀쩡한데 감기가 들면 어떻지요? 멀쩡한데 감기가 들면 온몸이 아파서 아무것도 못 해요. 언제까지요? 감기 나을 때까지. 기다리는 수밖에 없어요. 야베스는 알아요. 환난이 얼마나 힘든지를. 집안 식구들이 다 괜찮은데 한 사람만 어려우면 어때요? 집안 온 식구들이 다 어두워요. 그것을 야베스가 알아요. 환난, 이게 얼마나 어려운 것인지. 여러분, 손가락 끝에 가시가 찔려서 빠지지 않으면 어떻게 되지요? 늘 힘들어요.

그런데 환난은 꼭 그런 환난만 있는 줄 아세요? 아니요. 환난은 거기에는 악이 포함되고 죄가 포함되는 겁니다. 환난, 하면은 항상 거기에는 "악" 그리고 "죄"가 항상 함께 수반이 되는 겁니다. 여러분, 한번 생각해 보십시오. 환난, 악, 죄 이것을 다 뭐라고 말하냐면 어둠이라고 그렇게 말합니다. 고난이라고 말합니다. 죄가 있으면 고난이 있지요. 악이 있으면 고난이 있다! 고난, 악, 죄는 하나님이 싫어하십니다. 창세기 6장에 보면 하나님께서 물로써 인류를 다 심판하실 때 거기에 뭐가 있냐면 악이 가득해서 심판이 있다고 말해줍니다.

[5] 여호와께서 사람의 죄악이 세상에 가득함과 그의 마음으로
생각하는 모든 계획이 항상 악할 뿐임을 보시고 [6] 땅 위에 사
람 지으셨음을 한탄하사 마음에 근심하시고 [7] 이르시되 내가
창조한 사람을 내가 지면에서 쓸어버리되 사람으로부터 가축
과 기는 것과 공중의 새까지 그리하리니 이는 내가 그것들을
지었음을 한탄함이니라 하시니라(창 6:5-7).

여러분, 환난 가운데 항상 뭐가 수반되냐면 죄라는 게 있습니다. 죄는 사람의 소망을 빼앗고 미래를 어둡게 만듭니다. 죄는 사람으로 하여금 내일을 생각하지 못하게 만듭니다. 죄는 사람에게 근심을 가져다주는 겁니다. 죄는 단잠을 못 자게 만드는 거예요. 밤에 잠을 설치게 만들고 두려움과 공포 근심이 있게 만드는 겁니다. 이것을 누가 아냐면 야베스가 잘 알아요. 잠언 17:22에 보면은 심령의 근심은 뼈를 마르게 한다고 말해줍니다.

마음의 즐거움은 양약이라도 심령의 근심은 뼈를 마르게 하느니라(잠 17:22).

오늘 야베스가 무엇을 기도한 줄 아세요? 이스라엘의 하나님 앞에 기도하면서 "나에게 복을 주시려거든 지경을 넓혀주는데 하나님이 도와 달라"고 그렇게 기도합니다. 그런데 거기에 "환난을 벗어나서 근심이 없게 해 달라"고 기도합니다. 이 말 속에는 "내가 죄 짓지 않게 해 달라"는 그런 의미입니다. 죄는 우리로 하여금 근심을 갖게 합니다. 여러분, 죄라는 것은 꼭 육체로만 짓는 죄만 말하는 것은 아닙니다. 마음으로 품어도 그게 죄고 내가 생각만 해도 그것도 죄입니다.

오늘 야베스는 이 족보를 열거하면서 야베스란 이름을 딱 들으면서 두 구절을 기록하면서 이것을 한 이유가 어디에 있는 줄 아세요? 인생에 있어 정말 중요한 것을 야베스가 안 겁니다. 그게 뭔 줄 아세요? 하나님만이 진짜 하나님, 이스라엘의 하나님만이 진짜 하나님인 것을 그가 깨달은 겁니다. 그리고 하나님이 주시는 복만이 진짜인 것을 그가 깨달은 겁니다. 근데 그 복이 돈을 많이 벌고, 많은 것을 가져야만 되는 게 아닙니다. 야베스는 결격사유가 있음에도 불구하고 자기 몸에 결함이 있음에도 불구하고 자기가 핸디캡을 가지고 있음에도 불구하고 하나님을 위해서 지경을 넓혀달라고 하는 그런 기도, 사역을 위해서 멋지게 일하고 싶은 그래서 교회의 기도를 야베스가 한 겁니다. 여러분,

은퇴하고 사람이 제일 힘든 게 외로움입니다. 그리고 젊었을 때는 아무한테나 툭툭 전화할 수 있지만, 나이가 들면 전화 한 통 하기가 어려워요. 누구를 찾아가는 것도 어려운 거예요. 힘든 것이지요. 인생은 다 그래요. 사실은 고독하지 않은 인생은 아무도 없습니다. 근데 야베스는 일찌감치 깨달은 거지요. "하나님, 하나님만이 나에게 도움을 주시는 것"을 깨달은 거예요. 그가 절실하게 깨달은 게 무엇인 줄 아세요? 환난! "내가 절대 죄 짓지 않아야겠다." "내가 정말 죄를 짓지 않아야겠다." 근심이 없는 이것이 진짜 복인 것을 깨닫게 되는 거라 이 말입니다.

하나님이 그가 구하는 것을 허락하셨더라

여러분, 중요한 것은 그렇게 기도했어도 응답이 없다면 가짜인데, 오늘 이렇게 말합니다. "야베스의 기도를 들어주셨다"라고 말씀해 주십니다. 왜 그래요? 이렇게 멋있는 기도를, 하나님께서 들어본 적이 없는 거예요. 생각해 보십시오. 돈을 달라고 한 것이 아닙니다. 건강 달라고 기도하는 것도 아닙니다. 열악한 가운데 있으니까 가난하니까 어려우니까 그걸 해결해달라고 기도하는 게 오히려 맞는데 그게 아니라 진짜 야베스는 고난 중에 많은 사람을 본 거지요. 부자도 보고, 가난한 사람도 보고, 건강한 사람도 보고, 그리고 병든 사람도 보고, 넉넉한 사람도 보고, 쩨쩨한 사람도 보고, 많은 것을 봤어요. 그런데 똑같은 인생인 것을 발견합니다. 하나님이 도와주셔야만 사는 것을 깨닫게 되고, 하나님의 손이 가장 중요한 것을 깨닫게 된 겁니다.

여러분, 송명희 시인은 태어날 때부터 뇌성마비로 태어난 사람입니다. 한마디 하려면 오랜 시간을 고생고생하다가 한 바퀴 돌려서 그렇게 하는 거예요. 사실은 제가 부산에 있을 때 측근에서 제가 이렇게 모시고 가이드 했기 때문에 알아요. 휠체어 앉아서 한마디 하면 이렇게 돌려서 한참을 이렇게 돌려서 "여러분!" 그리고 한참을 돌려서 "하나님은!" 돌려서 "사랑합니다!" 이렇게 하는 분이 송명희 시인이에요. 그런데 그런 분이, 그런 고난을 가진 사람이 "돈 달라"고 그렇게 하지 않아요. 자기는 "예수 만난 게 최고"라고 그렇게 고백해요. 왜 그래요? 우리 주님은 모든 것을 가지신 왕이기 때문입니다.

하나님이 오늘 야베스의 기도를 들어주신 것입니다. 오늘 이 자리에 참여한 성도 여러분 그리고 초대를 받은 여러분, 야베스와 같은 열악한, 어쩌면 누구보다도 태어날 때부터 오죽하면 어머니가 야베스라고 이름을 지어줄 만큼 그러한 핸디캡을 가지고 태어난 야베스인데도 불구하고 모든 사람 이름이 이렇게 등져서 지나가는데 야베스 이름만 똑 떼어서 "야베스!" 그를 하나님께서 높이 드시는데 오늘 9절을 다시 한번 보면 좋겠습니다.

> 야베스는 그의 형제보다 귀중한 자라 그의 어머니가 이름하여 이르되 야베스라 하였으니 이는 내가 수고로이 낳았다 함이었더라(대상 4:9).

여기 보면 "복을 주셨다!" 그렇게 말하지를 않아요. 다시 올려서 이렇게 말합니다. 야베스는 어떤 사람이라고요? 존귀한 자! 고귀한 자! 이렇게 말합니다. 야베스를 하나님이 인정해줬어요. 고귀한 자라! 형제보다! 으뜸! 높이 세우신 거예요. 왜 그래요? 하나님! 운명을 바꾸는 결단! 사람이 아니라 하나님께 그가 모든 것을 내놓은 것입니다. 그분이 존귀한 자로, 고귀한 자로, 높이 들어서 세우신 거예요. 형제들보다.

사랑하는 성도 여러분, 오늘 주님께서 오늘 우리에게 그렇게 되기를 원하십니다. 우리의 모든 것은 주님께 있습니다. 주님이 우리를 들어 쓰시면 고귀하게 되는 겁니다. 주님은 우리 모두가 다 고귀하게 그런 존재로 살기를 원하십니다. 야베스는 운명을 바꾸는 결단을 하나님 앞에 내립니다. 인생의 그 어떤 결단보다도 하나님 앞에 내리는 결단이 가장 복된 결단입니다. 여러분, 이 시간 그 주님께 내 인생을 맡겨보지 않겠습니까? 그분께 나를 한번 투자해 보고 싶은 마음이 없습니까? 오늘 이 자리에 처음 오셨다면 내가 정말 주님을 나의 구주로 모시고 인생을 새롭게 시작하는 멋있는 결단의 시간이 되기를 바랍니다. 주님께서 변함없이 이스라엘 하나님께서 우리를 끝까지 책임져 주시고 인도해 주십니다. 기도하겠습니다.

· · · · ·

하나님, 감사합니다. 오늘 이 저녁에도 주께서 은혜를 베풀어 주시고, 하나님이 우리 하나님이신 것을 알게 해 주시니 감사합니다. 이 밤에도 주님을 나의 구주로 모시기를 원하는 심령이 있습니다. 하나님, 운명을 바꾸는 결단을 내린 야베스처럼 이 시간 주님을 나의 구주로 모십니다. 하나님, 저희를 붙들어 주시고 인도하여 주옵소서. 하나님만이 우리의 도움이시고 하나님만이 변함이 없으십니다. 우리 사랑하는 성도들을 붙들어 주시고 이 밤, 우리 함께 다시 한번 우리 신앙을 결단하기를 원합니다. 하나님만이 나의 왕이시고 나의 주인이시고 내 인생을 책임져 주시는 하나님이십니다. 주님만을 의지하고 주님만을 바라보고 주님께 쓰임 받고 주님을 위해 사는, 형제보다 귀중한 자로 불림 받는 우리 모든 성도들 되게 해 주옵소서. 예수님의 이름으로 기도하옵나이다. 아멘.

3.

족보가 주는 지혜

• • • • •

마태복음 1:1–17

오늘 제목은 "족보가 주는 지혜"입니다. 사람은 누구든지 만나면 먼저 알고 싶어 하는 것이 "이름"입니다. 성이 무엇인지, 이름이 무엇인지 그리고 난 뒤에 같은 아파트에 살면 몇 동에 사는지, 몇 호에 사는지 궁금한 것이 많습니다. 낯선 사람과 만나서 서로에 대해 대화를 나누다 보면 고향이 어디인지 물어보면서 "자신도 같은 고향이라"고, 어느 집인지 물어보면 결국은 어디로 들어가냐면 그 집안의 내력, 족보를 알고 싶어 하는 게 사람들입니다. 족보 없이 이 땅에 태어난 사람은 아무도 없습니다. 성경에도 보면 족보를 자세하게 기록한 내용들을 우리가 많이 발견하게 됩니다. 족보는 그냥 쓱 지나가고 우리가 읽어도 알지 못하는 이름들이지만 성경에 족보를 기록한 이유가 있습니다. 역사가 흘러간 뒤에, 사람들의 뒤안길에 잊혀 버린 이름인 것 같지만 하나님은 결코 이 땅에 태어난 사람들을 하나도 잊어버리지 않는 하나님의 역사, 하나님의 기록이 있음을 우리에게 가르쳐 주십니다. 제가 대학을 다닐 때, 교수님들이 가르쳐주시길 "족보를 이렇게 기록한 이유는 무엇인가?" 때로는 그 안에는 잊혀 버린 이름도 있지만 이렇게 기록하는 이유는, 하나님은 결코 잊어버리지 않는다. 한 사람, 한 사람을 하나님은 결코 잊어버리지 않는다는 것입니다. 사람들이 살다 보면 그야말로 기구하게 산 사람도 정말 많아요. 어떤 사람은 길가에서 신호를 기다리고 있는데 갑자기 차가 들어와서 그 자리에서 죽고, 끝나는 사람도 있다 이 말이죠. 때로는 억울하게, 우리가 TV 보도를 통해서도 알다시피 어떤 사람은 몇십 년을 종살이해요. 그야말로 이 대명천지, 과학이 발달하고 문화가 발달하고 모든 것이 발달한 이런 시대인데도 불구하고 종살이하면서 그렇게 비참하게 일생을 산 사람도 있다 이 말입니다. 그런데도 불구하고 하나님은 아무도 잊어버리지 않고 다 기억하고 있다는 사실이에요. 이 자리에 앉은 여러분도 그렇고 앞에 서 있는 저도 그렇고 모두가 다 사실은 사람들은 무심코 지나가는 사람인 것 같지만 하나님은 한 사람 한 사람 이제 막 태어난 어린아이까지도 결코 소홀히 다루지 않고 소중하게 다 기억하고 계신다는 사실입니다. 그러므로 우리는 족보에서 배울 것이 참 많아요. 제가 이렇게 연구를 좀 하고 준비를 해보니까 한 시간에 다 할 수 없을 만큼 방대하더라고요.

그런데 몇 가지를 요약하면 첫째는 족보는 반드시 시작이 있음을 우리에게 가르쳐 주십니다. 어느 족보든지 시작이 없는 족보는 없어요. 다 족보가 시작이 있습니다. 저희 집도 족보가 시작되어 있는데 홍 씨인데 사실 홍 씨는 하나예요. 어떤 홍 씨냐면 남현 홍 씨인데 중간에 하나씩 이렇게 튀어나오는 거죠. 그래서 저는 어떤 홍 씨냐면 남현 홍 씨가 아니라 풍산 홍 씨입니다. 풍산 홍 씨인데 풍산 홍 씨에 조상을 쭉 올라가 보면 그중에 조금 괜찮은 사람이 툭 튀어나와서 "내가 이제 시조가 되겠다"라고 해서 시작이 된 거죠. 내내 똑같은데 그래서 이제 파가 나오고 그래서 홍 씨인데도 불구하고 다섯 개가 있어요. 그리고 그 다섯 개 안에는 또 각종 파들이 있고 복잡한 그런 내력이 있어서 저는 아예 읽지도 않고 쳐다보지도 않습니다. 왜냐면은 읽어봤자 의미가 없는 거죠. 그런데 거슬러 올라가 보면 결국은 시작이 있는 것을 발견하게 됩니다. 그중 하나 자랑스럽게 이야기한다면 홍길동 홍 씨가 저희 홍 씨는 아니지만 혜경궁 홍 씨가 풍산 홍 씨라고 그렇게 말합니다. 이 말속에는 사람이 결코 혼자일 수 없다는 사실입니다. 부모님이 계시고 형제가 있다는 것입니다. 그리고 가문을 이루게 되는 겁니다. 만약에 누군가가 잘못되면 그 가정이, 그 가문이 잘못되는 것이고 누군가가 꽃을 피우면 그 사람 때문에 그 가문과 그 집안은 영광이 되는 겁니다. 어느 사람이든지 간에 인생을 그냥 허투루 살고 싶은 사람은 아무도 없을 거예요. 멋지게 아름답게 그리고 정말 인간답게 그리고 이름도 내서 번창하고 싶은 마음이 누구든지 다 있을 거라 이 말입니다. 그러나 그게 내 마음대로 되는 것은 결코 아닙니다. 사실 저희보다 연세가 드신 분들은 훨씬 더 많이 고생하셨을 거예요. 일제강점기에도 그렇고 한국전쟁 때도 그렇고 저는 한국전쟁이 막 시작된 뒤에 태어났기 때문에 그리고 제가 여러 번 여러분들에게 말씀드렸습니다만 저희 동네에서 저희 집이 진짜 가난했어요. 제일 가난했어요. 그리고 저희 교회에서 정말 가난한 집이 있다면 저희 집이고, 그다음에 저의 1년 후배 그리고 저희 집인데 유 씨에요. 유 씨인데 그 두 가정이 비슷하게 가난했습니다. 좀 가난했는데 그래도 가만히 보니까 그 집이 조금 우리보다 나은 것도 같아요. 그런데 엄청난 그런 가난 가운데 자라면서 어떤 생각이 드냐면 "사람 구실은 할까? 가정을 꾸리면서 제대로 살까?" 그랬어요. 근데 이제 집사람을 만나고 결혼을 앞에 둘 그때 이제 나라가 좀 어수선했거든요. 뭐 전쟁이 일어나니 마니 그럴 때 참 사람 희한해요. 제가 기도하던 중에 그런 기도는 또 처음 해봤습니다. "하나님, 그래도 결혼은 하고 전쟁이 났으면 좋겠습니다." 결혼을 했는데 또 이제 궁금한 것은 "내가 아기를 가질 수 있을까?" 하는 생각을 하게 된 거죠. 왜냐하면 운동하다가 다친 적이 참 많았습니다. 군대에서도 맞기도 하고 이렇게 좀 결정적인 데를 참 많이 맞았어요. 맞아서 "아기를 낳을 수 있을까?" 그런 생각을 많이 했는데 아기가 생긴 거예요. 아기가 생겼는데 중간에 "아이가 거꾸로 있다"라고 해서 또 이게 제대로 낳을까 했어요. 큰아이가 거꾸로 있다고 하니까요. 그런데 제가 그때는 신학생이니까 돈도 없죠. 그래서 할 수 있는 것은 딱 하나밖에 없더라고요. 기도밖에 없었죠. 그런데 아이를 낳기 일주일 전에 아기가 다시 돌아왔다고 그렇게 병원에서 이야기를 해줘서 얼마나 감사한지, 세월이 흘러서 우리 아이들이 자라서 결혼해서 지금은 손주가 다섯이 돼서 모이면 11명이 모여요. 그러니 가만히 생각을 해보면 "아 이게 내 마음대로 되는 것이 결코 아니구나." 그런 생각을 하게 됩니다.

여러분, 한번 생각을, 잘 한번 생각해 보십시오. 우리 중에 족보 없이 태어난 사람은 아무도 없습니다. 그런데 그런 족보에, 가문에 쉽게 "내가 김 씨 집안에 태어나고 싶다. 홍 씨 집에 태어나고 싶다." 그런 사람은 아무도 없어요. 태어나고 보니까 그런 집안에 내가 태어나게 된 거라 이 말입니다. 이것을 보면 사람이 결코 내 인생을 내가 만들어 갈 수 없는 것을 발견하게 되고 깨닫게 되는 거라 이 말입니다. 쉽게 이야기하면 여러분이 전주에 살고 싶어서 나는 전주에서 살아야겠다고 마음먹고 오신 분 계세요? 없어요. 저는 25년 전에 전주에 가야 할 상황이 돼서 "나는 절대 전주 안 가야겠다." 제가 부목사 생활할 때 열한 군데에서 청빙이 왔습니다. 열한 군데 왔는데 전주에 와서도 6개월 됐는데 그때에도 괜찮은 데서 청빙이 왔거든요. 그런데 전주에서 이렇게 살리라고는 생각을 못 했어요. 왜냐면 전주에서 안 살고 저는 "어차피 한번 인생인데 그냥 멋지게 하나님, 큰 데 가서 살다가 한번 깨지더라도 거기서 깨져서 그냥 인구 많은 데 가서 그냥 대도시에 가서 목회하다가 죽었으면 좋겠습니다." 그랬는데 전주에 이렇게 남을 줄은 몰랐어요. 그것도 역시 하나님의 역사라는 사실입니다. 가만히 생각해 보면 나의 힘으로 혼자되는 것이 아닌 것처럼 결국은 이 족보에서 벗어날 수 없는 큰 힘이 있는 것을 우리가 발견하게 되는 겁니다. 때로는 젊었을 때는 내 마음대로 무언가 할 것 같고 그렇게 생각하면서 인생을 펼쳐가기도 하지만 나중에 돌아서 보면 제자리에 있는 것을 보게 됩니다.

그 위는 하나님이시니라

모든 인간은 족보 없이 살 수가 없습니다. 가만히 보니까 족보에 시작이 결국은 하나님인 것을 발견하게 됩니다. 누가복음 3:23-24, 38에 보면 족보를 아래에서 위로, 거꾸로 올라가는 것을 우리에게 가르쳐 주십니다.

> 23 예수께서 가르치심을 시작하실 때에 삼십 세쯤 되시니라
> 사람들이 아는 대로는 요셉의 아들이니 요셉의 위는 헬리요
> 24 그 위는 맛닷이요 그 위는 레위요 그 위는 멜기요 그 위는
> 얀나요 그 위는 요셉이요(눅 3:23-24).

> 그 위는 에노스요 그 위는 셋이요 그 위는 아담이요 그 위는 하나님이시니라(눅 3:38).

마태복음 1장 족보는 아브라함부터 시작하는데, 여기 누가복음에 보면 족보를 거꾸로 올라갑니다. 거꾸로 올라가서 어디까지 가냐면 인간을 창조하신 하나님께로 올라가게 됩니다. 여러분, 결국은 인간은 하나라는 거죠. 누구에게서부터 시작이 되냐면 하나님으로부터 시작이 되는 게 인간의 족보입니다. 모든 사람의 시작은 하나님이십니다. 남녀를 불문하고 동서고금을 막론하고 모든 인간의 시작은 하나님이십니다. 하나님께서 사람을 흙으로 지으시고 남자와 여자를 창조하신 이후에 그들로 하여금 우리에게 살도록 만들어주신 것입니다. 그렇기 때문에 우리의 모든 인생은 하나님 없이는 살 수가 없어요. 왜냐하면 하나님으로부터 인간은 시작되었기 때문입니다. 그런데도 불구하고 족보를 보면 무엇을 발견하게 되냐면, 두 번째로 역사도 변하고 사람도 변한다는 것을 발견하게 됩니다. 변하지 않는 역사, 변하지 않는 사람은 한 사람도 없습니다. 사람의 모습, 사람의 마음, 사람의 말 그리고 사람이 가지고 있는 재물, 사람이 사는 생활양식이 모든 것 가운데 변하지 않는 것이 아무것도 없어요.

10년 전에 만나서 오래간만에 만났지만 “아이고 안 변했네.” 아니요. 변했어요. 변했는데 그냥 안 변한 것처럼 이야기하고 또 그렇게 느낄 뿐이지 다 변했습니다. 지금도 우리는 변해요. 심장이, 아까 뛴 심장과 지금 뛴 심장이 다릅니다. 다 다른 거죠. 세포도 다르고 모든 것이 달라요. 사람치고 변하지 않는 사람은 아무도 없습니다. 또 변해야 합니다. 왜냐하면 나이가 들면, 세월이 흐르면 다 변하게 되어 있는데 안 변하고 있으면 징그럽습니다. 그리고 죽지 않고 가만히 있으면 그것도 징그럽고 변하게 되어 있습니다. 역사도 변해요. 역사를 보면 구약에 이집트가 막강한 세력을 발휘하지만 이집트가 몰락하게 되는 겁니다. 그리고 앗수르가 등장하지만 앗수르도 몰락해요. 앗수르는 바벨론에게 몰락하게 되고, 바벨론은 페르시아에 의해서 몰락하게 되고, 페르시아는 헬라에 의해서 몰락하게 되고, 헬라는 로마에 의해서 몰락하게 됩니다. 결국은 역사도, 우리가 잘 알고 있는 몽골, 그렇게 막강한 세력을 발휘했던 칭기즈칸도 사라지고 맙니다. 유럽이 꽃을 피운 그야말로 온 학문, 모든 과학으로 유럽이 그렇게 막강한 세력을 발휘했던 그런 중세, 그리고 종교개혁 이후에 그 유럽도 결국은 사라지고 맙니다. 영국이 꽃을 피우고 해가 지지 않는 나라로 막강한 세력을 발휘합니다. 그리고 영국에 의해서 미국이 막강한 세력을 발휘하고 나아갑니다. 이렇게 역사를 보면 나라도 결국은 쇠퇴하고 또 쇠퇴하고, 또 새로운 나라가 세워지고 새로운 나라가 세워지게 되는 겁니다. 사람도, 역사도 가만히 보십시오. 쟁쟁한 사람인 것 같아도 세월이 흐르면 다 이렇게 변하고 그리고 쇠약해지고 마는 겁니다. 우리나라도 한 번 보십시오. 조선시대에 그리고 일제강점기에 얼마나 가난하고 힘들었습니까? 그런데 복음이 들어오고 곳곳에 교회가 세워지고 그리고 하나님의 역사로 부흥할 때 우리나라 전체가 경제가 부흥하고 잘 사는 나라로 바뀌게 된 겁니다.

여러분, 이렇게 가만히 역사를 보고 사람을 볼 때 변하는 것을 보면서 우리가 깨닫는 것이 있습니다. 여러분, 사람이 왜 변하는 줄 아세요? 그것은 하나님이 사람에게 지혜를 주셨기 때문입니다. 그리고 그런 능력을 우리에게 허락해주셨기 때문입니다. 하나님이 사람을 창조하고 모든 만물을 지배하고 다스리고 그리고 통치할 것을 우리에게 명령하셨고 또 그런 능력을 허락해 주셨습니다. 모든 만물, 하늘의 새와 땅의 짐승과 기는 것과 물속에 있는 물고기까지도 하나님께서 우리로 하여금 다스리고 정복하고 지배하라고 말씀해 주셨습니다. 사람이 들어가는 곳곳마다 변하지 않는 곳은 하나도 없어요. 다 변하게 되어 있습니다. 여러분, 과거에는 땅에서만 경작했지만 지금은 땅에만 경작하는 게 아니에요. 수경재배라고 해서 물에도 놓고, 그다음에 공장을 크게 짓고 그 안에다 채소를 재배하고 거기다가 버섯도 하고, 그다음에 온갖 것들을 마치 공장에서 찍어내듯이 많은 식물을 이렇게 키워서 내어놓는 것을 우리가 보게 됩니다. 왜 그래요? 하나님이 그만큼 우리에게 능력을 주시고 지혜를 허락해 주신 것입니다. 지금은 드론이 발달하고 인공지능이 발달하게 된 겁니다. 여러분, 생각을 한번 해보십시오. 전쟁도 인공지능으로, 지금 드론으로 사우디에 유전을 폭격하지 않았습니까? 우리 한국에 기름값이 계속해서 연 4주인가 올라가서 기름값이 갑자기 천오백 대로 올라간 이유가 어디에 있느냐 그 이야기를 하더라고요. 드론으로 정유공장을 공격한 거예요. 사람만이 변해요. 왜냐하면 하나님이 우리에게 지혜를 주셨기 때문입니다. 좋은 방향으로 사람은 발전하게 되는 겁니다.

다른 피조물은 이런 변화가 없습니다. 사람을 가장 많이 닮은 그리고 IQ가 높다고 하는 침팬지, 여러분 침팬지의 집에 컴퓨터 있다는 말 들어봤어요? 핸드폰으로 전화하는 거 들어봤습니까? 아니면 요즘처럼 우리 한국에 아파트보다는 전원주택을 선호해서 침팬지가 전원주택이 필요해서 만드는 경우를 봤냐 이 말이죠. 없어요. 침팬지 집에 CCTV 단 것을 봤습니까? 없어요. 사람만이 변합니다. 왜냐하면 사람에게는 하나님이 주신 지혜가 있기 때문입니다. 여러분, 우리 모두는 하나님이 주신 지혜가 있어요. 모든 사람은 다 지혜가 있습니다. 그리고 그런 능력을 우리에게 허락해 주신 것입니다. 이것을 마음껏 극대화하고 잘 활용하면 멋있는 인생이 되지만, 사장하면 우리는 훨씬 더 짐승보다도 못한 인생을 살 수가 있는 거라 이 말입니다. 이렇게 변하는 이유가 어디에 있는가? 하나님이 우리에게 지혜를 주시고 능력을 주셨기 때문입니다.

그러나 변하는 이유가 뭐냐면 사실은 무지해서 변합니다. 사람은 아는 것보다 모르는 것이 더 많아요. 내가 태어난 생일은 알고 내가 죽는 것도 알지만, 그러나 내가 죽는 날짜를 아는 사람은 아무도 없습니다. 사람은 지금도 다방면에서 끊임없이 연구하지만, 과학이 발달하고 의학이 발달하고 컴퓨터가 발달하고 모든 것이 발달하지만 사실은 발달하는 만큼 모르는 것이 많다는 사실입니다. 가만히 생각해 보십시오. 오늘날 사람이 죽는데 자연사보다도 사고 나서 죽는 사람이 훨씬 더 많아요. "아 이제 수명이 다했다." 그래서 죽는 사람보다도 사고 나서 죽는 사람이 훨씬 많아요. 교통사고 나서 죽고 그다음에 병들어서 죽고 이렇게 온갖 사고 때문에 죽는 사람들이 정말 많다 이 말입니다.

사람이 변하는 이유는 족보를 통해서 보면 악하기 때문에 변합니다. 악해요. 족보에 보면 여기에 오늘 쭉 읽었지만 악한 왕들이 많이 나옵니다. 악해요. 그것만이 아니라 군이 왕을 들어서 말하지 않아도 우리도 보면 악하기 때문에 변하는 것이 얼마나 많은지 모릅니다. 순수하게 나가서 이렇게 곧게 가는 경우들이 참 있어야 하는데 많지 않아요. 악하기 때문에 거의 다 변해요. "나는 절대 안 변해야지. 저 사람과는 나는 일평생 같이 살아야지" 해놓고 변하잖아요. 그게 악해서 변하는 거예요.

그것만이 아니라 우리는 몸이 약해서 변하기도 합니다. 허리가 약해서 고꾸라지기도 하고 다리가 아파서 주저앉기도 하고 자꾸 이렇게 하는 이유가 뭐예요? 약하기 때문에 그렇습니다. 뭐가 약해요? 몸이 아프다는 것 자체가 약하죠. 그리고 몸 자체가 약하다는 것 자체가 악한 거예요. 자연 만물을 잘 보십시오. 여러분, 자연 만물은 변하지를 않아요. 여기 꽃이 있지만 각종 사람이 와도 이 꽃은 변하지 않고 가만히 있잖아요. 맞아요? 안 맞아요? 그런데 사람은 내가 좋은 사람이면 만나서 기분 좋게 이야기하지만 내가 좋게 여기지 않는 사람은 그 사람과 만나도 얼굴색 싹 변해서 쳐다보지도 않고 지나가잖아요. 이게 사람이잖아요. 뭐예요? 악하다는 거죠. 악하기 때문에 변하고 약하기 때문에 변해요. 자연은 누가 오든지 차별하지 않지만 사람은 차별을 합니다. 악하죠. 악해요. 군대 가면 사람들이 군인으로 다 변하고, 정치판에 들어서면 정치인들이 다 정치가로 다 변해요. 평소에 있을 때 양복 입고 이렇게 있다가도 예비군복 입으면 어떻게 되죠? 다 바뀌어요. 다 변해요. 사업, 돈의 맛을 본 사람은 온통 돈밖에 보이지 않는다고 말합니다. 변해요. 왜 그래요? 사람이 악하고 약하기 때문에 변합니다.

사람들이 좋아하는 게 뭐냐면 변하지 않는 것을 좋아하는데 사람치고 변하지 않은 사람은 아무도 없습니다. 사람은 매일 내가 누구를 상대하느냐에 따라서 변합니다. 내가 누구를 만나느냐에 따라서 변합니다. 제가 전에는 목사님들이 보내온 카톡을 보고는 "지금 이렇게 돌아가는구나." 그러고는 그것을 잘 받아들였어요. 그런데 어느 날 젊은 목사를 통해서 깜짝 놀랐어요. "그거 한번 보십시다." 꺼내서 이렇게 카톡 몇 개를 해서 추적을 해보니까 가짜 카톡이 너무 많더라고요. 그러니 가만히 보십시오. 믿을 수가 있어요? 아무것도 없는 거죠. 믿을 수가 없어요.

그런데 여러분, 우리가 누구를 만나느냐에 따라서 이렇게 변하는데 아침에 일어나서 하나님을 만나는 그 사람은 얼마나 아름답겠습니까? 하나님의 이름을 부르는 자는 하나님을 닮아가는 거죠. 사람은 내가 자꾸 부르는 첫 마디와 내가 보는 책에 따라서 그 인품이 달라지게 되는 겁니다. 인간은 변해요. 변하는데 내가 어떻게 변하는가? 도대체가 내가 어떻게 변하는가? 짧은 인생인데 내가 변해가고 있는가? 진짜와 진실 그리고 가짜와 거짓이 판을 치고 있는 이런 때에 내가 누구를 만나야 하는가? 족보를 통해서 변하는 것을 보게 되는데 그것은 우리가 지혜가 있기 때문에 변하지만 또한 모르는 것이 많기 때문에 변하고 약하고 악하기 때문에 변한다는 사실입니다.

다섯 여성의 이름

여러분, 족보는 또 하나가 있는데 역사를 그대로 기록하고 있다는 사실입니다. 거짓이 없이 그대로 기록할 뿐입니다. 오늘 마태복음 1장을 보면 그 족보에는 결코 들어가서는 안 될 이름들이 다섯이 있습니다. 여자의 이름입니다. 이스라엘 족보에는 원래 유대인들은 여자는 족보에 집어넣지를 않는데 여기에 보면 다섯 여자가 들어가 있습니다. 그중 한 여인은 마리아, 예수님을 낳은 마리아는 예외로 하고 네 명의 여인은 이렇게 살펴보면 일반 사람이 아닙니다. 룻이 나오는데 이분은 모압 여인입니다. 이방 여인이에요. 이방 여인이기 때문에 이방 사람으로 유대 족보에 들어갈 수가 없는데 족보에 들어가게 됩니다. 다말은 본래 유다의 며느리였어요. 유다의 며느리였는데 창기로 가장해서 자기 시아버지 유다와 불륜을 해서 아이를 갖고 그래서 여기 족보에 들어가게 된 겁니다. 여리고의 라합은 창기였는데 이스라엘 정탐꾼을 숨겨줌으로 말미암아 이 여인이 살게 되고 정탐꾼 중에 한 사람과 결혼해서 여기에 족보에 들어가게 됩니다. 밧세바는 본래 다윗의 신하 우리아의 아내였는데 다윗의 악독한 간계와 살인에 의해서 이 우리아가 전쟁터에서 죽고 우리아의 아내 밧세바를 이 다윗 왕이 자기의 아내로 만들어서 그야말로 왕명에 의해서 강제로 왕비가 된 불행한 여인이 밧세바입니다.

족보를 잘 보시면 무엇을 발견하게 되냐면 역사는 그대로 기술한다는 사실입니다. 족보 속에는 있는 사실을 그대로 기록하고 있다는 사실입니다. 여러분, 우리의 삶도 우리가 어제 있었던 일, 10년 전에 있었던 일에 대해서 잊어버리고 말 수가 있어요. 그러나 이 족보를 보면 하나님은 그것을 다 잊지 않고 기억하고 있다는 것을 우리에게 가르쳐주십니다. 그러므로 우리는 생각을 많이 해야 해요. 내가 누구를 만나고 어떻게 살아야 하고 내 족적, 내 발자취를 어떻게 남기고 살아야 하는가를 우리는 생각해야 하는 겁니다. 그다음에 또 하나 우리가 생각해야 할 것은 족보를 통해서 우리는 죽는다는 것을 배울 수가 있습니다. 세상에

올 때는 아버지, 어머니, 형, 누나, 동생, 오빠 순서가 있지만 죽음에는 순서가 없습니다. 다 왔다가 가는데 동서고금을 막론하고 남녀노소를 불문하고 죽음은 우리로 하여금 슬프게 만듭니다. 왜 슬프게 해요? 헤어지기 때문에 슬픕니다. 여러분, 족보를 보면 결국은 끝에 가면 죽음이에요. 죽음이라는 사실입니다.

왜 사람이 죽습니까? 사람이 죽는 이유가 뭐예요? 사람이 죽는 이유는 모든 사람에게 똑같은, 공통된 것 바로 죄 때문에 죽는 것입니다. 사람은 죄를 가지고 있기 때문에 죽어요. 오늘 처음 오신 분들 중에 기분 나쁘실지 모르겠지만 여러분들도 죄인이에요. 죄를 안 지은 사람은 아무도 없습니다. 죄를 짓지 않았다면 우리는 죽지 않을 거예요. 그러나 우리는 누구를 막론하고 죽음에 대해서 결코 회피할 수도 없고 도망갈 수도 없어요. 항상 죄가 우리에게 있기 때문에 이 죽음은 늘 그늘처럼 우리에게 드리워져 있는 것입니다. 그렇기 때문에 사람은 제일 무서운 것이 뭐냐면 이 죽음입니다. 족보를 보면서 우리가 깨닫게 되는 것은 뭐냐면, 바로 죽는다는 사실입니다.

하나님이 역사하시는 족보

그런데 오늘 족보를 통해서 기가 막힌 것을 발견하게 되는 겁니다. 그것은 족보는 족보인데 하나님이 역사하는 족보가 있다는 사실입니다. 그게 바로 오늘 마태복음 1:1-17에 나오는 족보입니다.

아브라함과 다윗의 자손 예수 그리스도의 계보라(마 1:1).

여러분, 아까 우리가 누가복음의 족보는 거꾸로 올라가서 아담까지 가고 그리고 아담을 창조하신 하나님께로 올라갑니다. 그런데 이 족보는 아브라함부터 시작합니다. 아브라함부터 족보가 시작되는 것은 가만히 생각해 보면 "이 족보가 아브라함부터 시작될까?" 그러면 "아브라함은 어떤 사람인가?" 우리가 그것을 추적해 보면 이해가 됩니다. 아브라함은 어떤 사람이냐면 갈대아 우르에서 이방 신을 섬기는 그런 집안에서 자라난 사람입니다. 아브라함에 대해서는 여호수아가 일찍이 24장에 잘 설명해 주고 있습니다. 여호수아 24:2-3에 보면 이 아브라함이 어디서 살았고 그 부모가 어떤 사람인가에 대해서 가르쳐 줍니다.

[2] 여호수아가 모든 백성에게 이르되 이스라엘의 하나님 여호
와께서 이같이 말씀하시기를 옛적에 너희의 조상들 곧 아브
라함의 아버지, 나홀의 아버지 데라가 강 저쪽에 거주하여 다
른 신들을 섬겼으나 [3] 내가 너희의 조상 아브라함을 강 저쪽
에서 이끌어 내어 가나안 온 땅에 두루 행하게 하고 그의 씨
를 번성하게 하려고 그에게 이삭을 주었으며(수 24:2-3).

여기 보면 갈대아 우르에 저 먼 중동, 지금으로 말하면 어디로 말할 수 있냐면 지금의 이라크, 이란 그 지역에 있는 살고 있던 이 아브라함의 조상 데라, 그런데 거기는 온통 다른 신을 섬기는 거예요. 하나님이 아니라 다른 신을 섬기는데 거기에 누구를 톡 뽑았냐면 아브라함을 뽑은 거예요. 여러분, 수천 km가 되는 이 가나안 땅까지 온다는 게 쉬운 문제가 아니잖아요. 거기까지 오려면 그 황량한 사막과 들판을 걸어서 오려면 강도도 만나고 그다음에 하루 이틀이면 되는 것이 아니고 그때는 다 걸어서 와야 하기 때문에 어떤 위험을 당할지 모른다 이 말이죠. 그런데 거기서 불러요. 그냥 부르겠어요? 무언가 있으니까 부른 거라 이 말입니다. 그게 사도행전 7장에 나오는데 2-4절에 보면 어떤 분이 나타나서 불러요. 부르니까 항복해서 따라오게 되는 겁니다.

[2] 스데반이 이르되 여러분 부형들이여 들으소서 우리 조상 아
브라함이 하란에 있기 전 메소보다미아에 있을 때에 영광의
하나님이 그에게 보여 [3] 이르시되 네 고향과 친척을 떠나 내
가 네게 보일 땅으로 가라 하시니 [4] 아브라함이 갈대아 사람
의 땅을 떠나 하란에 거하다가 그의 아버지가 죽으매 하나님
이 그를 거기서 너희 지금 사는 이 땅으로 옮기셨느니라(행
7:2-4).

여기 보면 무엇을 알 수가 있냐면 아브라함은 사실은 갈대아 우르에서 다른 신을 섬기는 자기 아버지 데라 밑에서 살았던 그런 사람이에요. 그렇기 때문에 거기서 떠날 이유가 없어요. 그리고 아브라함 집안이 아주 잘 살고 그냥 그 빵빵해요. 그 밑에 있는 종들이 얼마나 많은지, 딱 출발할 때 한 2,000명이 출발할 정도로 그렇게 큰 부자 집안이라 이 말입니다. 그러니까 굳이 갈대아 우르, 메소포타미아에서 떠날 이유가 없어요.

그런데 떠나게 된 이유가 뭔 줄 아세요? 딱 하나, 영광의 하나님! 영광의 하나님이 나타나서 아브라함을 부릅니다. 우리가 예수를 믿는 게 그냥 믿게 된 거예요? 아니요. 개중에는 모태신앙이니까, 저 같은 경우에는 모태신앙이니까 뭐 태어나면서부터

그냥 교회 다닌 거죠. 그냥 당연히 가는 걸로 알고 이렇게 살아 왔어요. 그러나 중간에 예수 믿는 사람은 그냥 믿어요? 아니 그냥 믿는 사람은 거의 없어요. 여러분, "진짜 하나님"이라는 말은 어떤 의미가 있는 줄 아세요? 딱 하나예요. "아 이 하나님이 살려주시는 구원자다." 이거예요. 다른 게 없습니다. 사람은 제일 중요한 관심이 어디에 있냐면 생명, 나의 구원, 여기에 관심이 있지 다른 데 있는 게 아니라 이 말입니다. 여러분, 이 자리에 모인 이유가 뭐예요? 모두가 다 똑같은 공통된 딱 하나예요. 생명 아니에요? "생명." "예수 믿으면 산다." "하나님이 생명의 주인이다." 그거 아니에요? 맞아요? 안 맞아요? 여러분, 우리가 주님 앞에 나오는 이유가 뭐예요? 우리가 하나님 앞에 나오는 이유가 뭐예요? 생명이에요. 그런데 이 생명은 어디 가든지 없어요. 아무리 온 천지를 다 뒤져도 죽음을 이기시고 부활하신 분은 예수님밖에 없어요.

그런데 오늘 족보는 "아브라함과 다윗의 자손 예수 그리스도의 계보라." 그랬어요. 계보라는 말은 역사라는 거예요. 그러니까 어떻게 이 족보, 이 역사가 이루어졌는가? 그리고 "예수 그리스도의 계보라"고 그랬어요. 예수님이 어떤 분이에요? 죽음을 이기시고 부활하신 분이 우리 주님 예수 그리스도이십니다. 이 말은 예수 그리스도로 말미암아 부름 받은 그 사람들, 그 족보는 영원히 사는 것을 우리에게 가르쳐 주십니다.

생명의 족보

오늘 족보에서 우리에게 가르쳐 주시는 것이 있어요. 사람의 시조가 된 홍 씨, 박 씨, 최 씨 이렇게 사람이지만 또 다른 족보가 있는데 그것은 생명의 족보, 우리 주님께서 역사하는 족보, 거기에는 성이 필요 없어요. 이 씨, 최 씨, 홍 씨 할 것 없이 모든 사람이 다 하나님께 부름 받아서 그 안에 포함되는 생명의 족보에 들어가는 사람, 이 족보가 있는 것을 우리에게 가르쳐 주십니다. 여러분, 우리 주님은 죽음을 이기시고 부활하신 생명의 주님이시고 구원의 주님이십니다. 어느 때든지 주님, 그분은 우리에게 생명을 주시고 우리에게 영원한 천국을 선물로 주신 분이 우리 주님 예수 그리스도이십니다. 생명은 결코 없어지지 않습니다.

미국의 유명한 국회의원 중에 "윌리엄 제닝스 브라이언"(William Jennings Bryan, 1860-1925)이라는 사람이 있습니다. 이 사람이 이집트 카이로를 방문하게 됩니다. 그런데 그가 이렇게 이집트에서 유명한 박물관을 구경하는 중에 어느 한 골동품

가게에서 3,000년이 지난 곡식 자루에 들어 있는 콩알 하나를 발견하게 됩니다. 그래서 그것을 얻었습니다. 겉을 보면 돌같이 딱딱하고 쭈글쭈글하고 말라비틀어진 콩을 본 이 사람이 호기심이 생겨서 그 콩을 몇 푼 안 되는 푼돈으로 구입해서 미국으로 돌아옵니다. 그는 정원에다가 콩을 심고는 물을 주고 거름을 주고 정말 지극정성을 다해서 했는데 조금 지나니까 싹이 났어요. 그러고는 열매를 맺게 된 겁니다. 이분이 깜짝 놀라요. 나중에 국무총리까지 됩니다. 혹시 인터넷 들어가면 도움이 될까 해서 다시 읽어드려요. "윌리엄 제닝스 브라이언", 이분이 예수를 잘 믿는데 이 콩 하나 때문에 곳곳마다 다니면서 복음을 전하기 시작합니다. "예수님은 생명이십니다. 예수님이 구원자이십니다. 예수님 믿어야 삽니다." 그중에는 마음을 닫고는 거부하는 사람이 있을 때 항상 어떤 예화를 드냐면 카이로에서 가져온 이 콩을 예화로 듭니다. 뭐라고 예화를 드냐면 "3,000년 동안 죽어있던 콩 하나도 땅에 심으면 열매를 맺는데, 1년생 식물에도 이런 변화가 일어나는데 만물의 영장이라고 불리는 사람이 정말 죽으면 사라지고 맙니까? 아니다. 예수 그리스도에게 접붙이면 우리는 영원히 산다." 여러분, 이분이 곳곳에 나가서 전한 것이 뭐냐면 예수 그리스도의 생명입니다. 콩 하나 가지고 "이것이 생명이기 때문에 땅에 심어서 살아난 것처럼 우리도 죄로 말미암아 죽는 인생인데 생명이신 예수님에게 접붙이면 영원히 사는 것"을 전하는 사람입니다.

여러분, 우리는 족보를 통해서 무엇을 깨닫게 되냐면 죽는 인생이 아니라 예수님으로 말미암아 영원히 사는 그런 인생인 것을 깨닫습니다. 어쩌면은 이 시간에 주님께서 이것을 여러분에게 전달하고 싶어서 대각성전도집회 시간을 우리에게 허락해 주시지 않았나 생각이 듭니다. 모든 것은 다 변해요. 그러나 변하지 않고 영원토록 살아계신 분이 우리 주님 예수 그리스도이십니다. 주님은 죽음을 이기시고 부활하신 분이십니다. 찬송가에 보면 135장에 "어저께나 오늘이나 어느 때든지 영원토록 변함없는 거룩한 말씀 믿고 순종하는 이의 생명 되시며 한량없이 아름답고 기쁜 말일세 어저께나 오늘이나 영원 무궁히 한결같은 주 예수께 찬양합니다. 세상 지나고 변할지라도 영원하신 주 예수 찬양합니다." 이분이 우리 주님 예수 그리스도이십니다. 주님은 세상이 변해도 세월이 흘러도 변함이 없어요. 왜냐하면 생명이시기 때문입니다. 죽음을 이기시고 부활하신 분이 우리 주님 예수 그리스도이십니다. 그분을 나의 구주로 믿는 순간, 나의 주님으로 영접하는 순간, 주님의 생명이 우리 안에 거하고 우리도 주님과 함께 영원히 살게 되는 것을 우리에게 가르쳐 주십니다.

오늘 족보를 통해서 우리는 깨닫게 되는 겁니다. 시작이 있는가 하면 끝이 있고 변화가 있고 죽음이 오는데 우리 주님만이 주시는 족보는 살아있는 족보이고 남녀를 불문하고 민족과 종족을 다 초월해서 하나님이 부르셔서 그리고 예수 그리스도의 생명을 갖게 될 때 우리는 영원한 생명을 얻게 되는 예수의 족보에 포함되는 하나님의 사람이 될 것을 우리에게 가르쳐 주십니다. 오늘 이 자리에 참여한 여러분, 그 주님을 여러분의 구주로, 주님의 생명을 여러분의 생명으로 함께 얻는 귀한 이 시간이 되기를 바랍니다. 기도하겠습니다.

• • • • •

하나님, 감사합니다. 시작이 있고 또 인간은 변하고 역사도 변하고 변하는 이유는 인간이 많이 알기 때문에 변하고 또한 무지해서 변하는 것을 압니다. 그뿐 아니라 인간이 죽는 것을 우리는 압니다. 악하기 때문에 죄를 지었기 때문에 그러나 변하지 않고 영원히 살아계신 우리 주님, 죽음을 이기시고 부활하신 주님이 우리에게 생명을 주시고 그 안에 있을 때 우리는 영원한 생명의 족보에 들어가게 되는 것을 또한 깨닫습니다. 이 시간에 주님을 나의 구주로 모시기를 원해서 가슴에 손을 얹은 심령들이 있습니다. 오늘 이 자리에 처음 참여해서 어색하기 때문에 주님을 모시기를 원하고 예수 믿기를 원하지만 그래도 조금 부자연스러워서 아직 손을 얹지 못하고 마음으로는 주님을 믿는, 믿기를 원하는 심령도 있을 줄 압니다. 주께서 받아 주시고 하나님, 저들 모두를 감싸 안아주시며 예수 그리스도가 나의 구주이신 것을 믿고 함께 믿음으로 사는 은혜를 베풀어 주시옵소서. 성령께서 이 자리에 참여한 사랑하는 우리 성도들과 이 자리에 초대된 뭇 심령들에게 함께하여 주옵시고, 우리 함께 남은 생애 정말 영원한 하나님 나라의 족보에 함께 이름이 기록되어서 영광의 세계에서 함께 사는 복을 허락하여 주시옵소서. 예수님의 이름으로 기도하옵나이다. 아멘.

4. 혼인잔치 집에서

• • • • •

요한복음 2:1-11

주님은 이 땅에 계실 때 수많은 이적과 기사를 행하셨습니다. 죽은 자를 살리실 뿐만 아니라 맹인의 눈도 뜨게 하시고, 중풍병자도 고치시고, 많은 기적들을 행하고, 귀신을 쫓아낸 주님의 일들이 이러한 일들이었습니다. 그런데 최초로 행한 일이 뭐냐면 오늘 본문에 나오는 물이 포도주가 되는 이런 표적, 이런 기적을 예수님께서 행하신 것입니다. 예수님은 공생애를 시작하면서 맨 먼저 하신 일이 뭐냐면, 제자들을 선택하셨습니다. 오늘 가나 혼인 잔칫집에 가기 전에 예수님은 다섯 명의 제자들을 선택합니다. 오늘 요한복음의 제자인 요한을 비롯해서 안드레, 그리고 그의 형 베드로, 그리고 빌립, 그리고 나다나엘을 예수님께서 제자로 삼으십니다. 주님께서는 이 땅에 계실 때에 주님 닮은 제자들을 선택하셔서 주님이 떠나시고 난 뒤에도 여전히 이 땅에 하나님의 나라를 이루고 주님 오실 때까지 교회를 잘 이루어서 주님 오시는 그때 기쁨으로 서로 상봉하고 만날 수 있는 제자들, 그리고 오고 오는 시대에 많은 사람이 그런 제자를 통해서 예수 믿는 이런 역사 이루시기를 주께서 원하셨기 때문에 제자들을 신중하게 선택하시게 된 겁니다.

포도주가 떨어지다

예수님이 제자들을 데리고 혼인집에 이제 가시게 되었습니다. 그런데 참여하고 보니까 거기에 누가 계시냐 하면 예수님의 어머니 마리아가 이미 그곳에 와 계신 것입니다. 이것을 보면 예수님과 예수님 어머니의 가정과 그리고 결혼하는 그 가정과 그 친척 집이 아니었나 그런 생각이 듭니다. 그런데 얼마 지나지 않아서 난감한 일이 생겨요. 그게 뭐냐면 혼인집에 손님을 접대하는 그 장소에 잔칫날인데 그만 "포도주"가 떨어지고 만 겁니다.

여러분, 결혼식장에서 "음식이 떨어진다." 이것만큼 난감한 게 없습니다. 지금으로부터 2천 년 전 유대 사회에서 잔칫집에 포도주는 오늘 한국으로 말하면은, 우리 전라도 식으로 말하면은, 홍어가 떨어지거나 아니면은 귀한 이렇게 꼭 필요한 잔치에 이제 음식이 떨어진 것과 같은 거라 이겁니다. 얼마큼 포도주가 잔칫집에 귀한 음료였냐면, 만약에 이것이 떨어지면 하객들을 무시하는 처사라고 해서 법원에 고발한다 해도 법정에서 판사가 잘못했다고 판정을 내릴 만큼 포도주는 잔칫집에서 아주 중요한 음료로 그렇게 사용되었습니다. 손님을 홀대할 수 있는, 떨어지면 그런 오해를 받을 수 있는, 그만큼 아주 중요한 음료가 포도주였습니다. 그런데 그만, 잔칫집에서 포도주가 떨어지고 만 겁니다. 요즘이야 음식이 얼마나 다양합니까? 그리고 24시간 편의점이 있고, 그리고 그것뿐만 아니라 음식이 떨어진다 해도 금방 급조할 수 있을 만큼 다양한 음식들이 있는 그런 시대이기 때문에 걱정이 없지만, 2천 년 전 유대에는 먹고 사는 것이 그렇게 녹록지를 않았습니다. 우리나라도 사실은 지금으로부터 60년 전만 해도 먹을 것이 그렇게 넉넉하지 않았습니다. 잔치할 때 미리 준비하지 않고, 그리고 잔치할 때 음식이 떨어지면 다시 만든다는 건 그렇게 쉬운 일이 아니었습니다. 포도주가 떨어진 것은 여러 가지 요인이 있겠지만 예상보다 손님이 왔다든지, 아니면 오신 손님이 포도주가 너무 맛있어서 너무 많이 먹었다든지, 아니면 처음부터 포도주를 조금 만들었다든지, 아마 여러 가지 요인이 있겠지만 어쨌든지 간에 포도주가 떨어지고 만 겁니다.

어머니 마리아의 부탁

이때 누가 예수님에게 찾아오냐면 예수님의 어머니 마리아가 예수님에게 찾아와서 포도주가 떨어졌다고 말합니다. 여러분, 한 번 생각해 보십시오. 포도주가 떨어졌는데 예수님의 어머니가 예수님에게 와서 포도주가 떨어졌다고 말한다면 별로 그렇게 와닿지 않는 거지요. 만약에 말을 한다면 누구에게 말을 해야 하냐면 그 혼인집에 책임지고 있는 사람한테 가서 포도주가 떨어졌다고 말해야 하는데 예수님에게 말을 한 거라 이겁니다. 이것을 보면 평소에 예수님께서 공생애를 시작하기 전 30살까지 어머니에게는 장남으로서 예수님이 자랐는데 평소에도 어려운 일이 있으면 장남을 의지했던 예수님의 어머니 마리아의 마음을 읽을 수가 있습니다.

어머니는 어느 집이든지 장남에 대한 기대가 큰 겁니다. 첫 아이가 태어났을 때 그게 딸이건 아들이건 간에 첫 아이는 모든 부모가 온 온갖 정성을 큰아이에게 쏟습니다. 예수님도 아마 그런 가운데 자라지 않았나 그런 생각이 듭니다. 그러니까 평소에도 어려운 일이 있으면 마리아는 장남인 예수님에게 뭐가 떨어졌다든지 아니면 어떤 일이 있다든지 그러면은 참 이 효심이 깊은 예수님은 어머니 말을 잘 들었던 효자로서 잘하지 않았나 생각이 듭니다. 오늘도 이 집에 난감한 일이 되었을 때 예수님 어머니 마리아가 예수님에게 와서 포도주가 떨어졌다 그렇게 얘기합니다.

예수님의 이상한 대답, "여자여"

근데 중요한 것은 떨어졌다고 말할 때 예수님의 대답이 좀 이상해요. 뭐라고 말했냐면 마리아에게 "여자여 나와 무슨 상관이 있나이까 내 때가 아직 이르지 아니하였다." 그렇게 이야기합니다. 그리고 그 전에 보면 예수님께서 이 어머니 마리아에게 "이제 포도주가 떨어졌다." 그럴 때 어떤 마음이 들었을 것인가 그런 생각이 듭니다. 왜냐하면 포도주가 떨어져서 어떻게 하라는 것인가? 일반적으로 생각할 때 난감한 거라 이 말입니다. 그런데 예수님의 어머니 마리아도 말은 그렇게 했지만 예수님께서 갑자기 뭐 포도주를 만들어 낸다든지, 아니면 뭐 이렇게 기가 막힌 기적을 한다든지 그런 것을 예수님의 어머니 마리아도 생각을 해본 적이 없어요. 왜냐하면 오늘 이 표적을 첫 번째 표적이라고 했으니까 앞에 한 번도 기적을 베푼 적이 없기 때문에 예수님께서 기적을 베풀리라고는 예수님도 생각한 적이 없다 이 말입니다.

그런데 이 말을 들은 예수님이 그런 상황인데도 불구하고 뭐라고 말하냐면, "여자여, 나와 무슨 상관이 있나이까 내 때가 아직 이르지 아니하였나이다." 그렇게 답변한 겁니다. 뒤에 있는 것보다 먼저 앞에 있는 것을 가만히 보면 어느 아들이 어머니에게 "여자여" 그렇게 말한 적이 있느냐 그 말입니다. "어머니" 그렇게 말하지 "여자여" 그렇게 말하는 아들은 별로 없다 이 말입니다. 그렇다면 오늘 예수님이 어머니를 방에서 "여자여"라고 말한 것은 "내가 이제는 서른한 살이 됐으니까 이제 성인이 됐습니다. 그러니 나도 이제 당당히 독립한 사람입니다. 그러고는 이래라 저래라 하지 마십시오." 이런 뜻으로 그렇게 "여자여"라고 말을 했겠냐 이 말입니다.

아니지요. 예수님은 하나님이셔요. 그렇기 때문에 실수나 죄를 짓는 일은 결코 없습니다. 그뿐만 아니라 가족 관계를 단호히 끊어버리는 "여자여" 그렇게 부르는 정말 철없는 아이 같은 그런 행동을 할 분도 아니라는 사실입니다. 예수님은 평생을 사시면서 실수 하나 잘못하거나 그리고 헛된 그림자 하나라도 남긴 적이 없는 분이 우리 주님 예수 그리스도이십니다. 또 실수해서 "어머니" 그래야 하는데 여자여 그렇게 부를 만큼 어리석은 분도 결코 아닙니다.

"여자여"라는 호칭에 담긴 참된 의미

사실 예수님께서 "여자여" 그렇게 부른 의미는 나쁜 의미로 부른 것은 아닙니다. 성경을 잘 보면 예수님께서 예수님의 어머니 마리아에게 "여자여"라고 부른 것은 여기에만 있는 것이 아니라 예수님께서 십자가에 못 박혀 죽으실 때 십자가상에서 어머니를 향해서 부른 첫 마디가 "여자여" 그랬습니다. "여자여. 여자여." 그런가 하면 예수님께서 평소에 기적을 행하실 때 몸이 아픈 사람들 꼭 기적이 필요한 사람들 그들을 향해서 여인들을 향해서 말할 때 "여자여" 그렇게 주께서 부르셨습니다. 주님은 귀신들인 가나안 여인의 병을 고쳐줄 때도 그 어머니에게 뭐라고 말했냐 하면 "여자여 네 믿음이 크도다 네 소원대로 되리라 하시니 그때로부터 그의 딸이 나았다." 그렇게 말해줍니다. 그런가 하면 18년 동안 꼬부라져서 정말 귀신 들려서 고생하고 있는 이 여자에게도 뭐라고 말하냐 하면 "여자여 네가 네 병에서 놓였다." "여자여" 그렇게 말합니다. 그러니까 여기 "여자여" 이 말은 따뜻한 사랑의 말, 그리고 뭔가를 해주고 싶은 그런 마음이 담겨 있는 그런 호칭이라는 것입니다. "어머니" 그렇게 말하지 않고 "여자여" 이 말은 어머니를 무시한 그런 호칭이 아니라는 것입니다. 오히려 다정스러운 말, 사랑하는 말, 뭔가를 좀 주고 싶은 그런 의미로써 여자여 그렇게 부른 거라 이 말입니다.

또 하나는 왜 "여자여" 그랬냐 하면 어머니에게 의도적으로 "어머니, 이제는 상황이 이렇게 흘러가고 있는데 제가 첫 번째 제 공생애를 시작하는 이 마당에 어머니가 꼭 아셔야 할 것이 하나 있습니다. 그것은 제가 서른 살 까지 어머니 슬하에서 어머니 마리아의 아들로 이제 살아왔지만 제가 이제는 공생애를 시작합니다. 하나님의 아들로 공적으로 이제 시작하게 됩니다. 어머니의 어떤 청도 듣고 뜻도 따라야 되겠지만, 이제부터는 제가 이 땅에 온 목적이 있는데 그것은 나를 이 땅에 보내신 하나님 아버지 하나님 아버지의 뜻을 이행하면서 살아야 합니다." 그런 의미로 "여자여" 이렇게 말한 거라 이 말입니다. 쉽게 말해서 사생활을 끝내고 이제는 공식적인 공생애를 시작하는 데 있어서 "내가 이제 첫 출발 여기서부터 나는 어머니가 아니라 하나님 아버지의 그 뜻을 따라서 그리고 하나님의 말씀대로 내가 순종하면서 살아가야 할 사람입니다." 이것을 어머니에게 말씀하고 싶은 거라 이 말입니다. "어머니 이제까지는 내가 사생활을 했지만 이제는 공식적으로 하나님의 일을 행하려고 하는 나입니다. 그렇기 때문에 이 일은 사실 나하고는 아무 상관이 없습니다. 포도주가 떨어져서 어머니가 착한 마음으로 안타까워서 저에게 말했지만 저는 하나님의 뜻을 따라서 이제는 공적인 이제 공생활을 해야 되는 아들입니다." 그런 의미로 이 이야기를 한 거라 이 말입니다.

예수님은 그 뒤로 가만히 보면 항상 어떤 말씀을 하시냐면 "내 때가 아직 이르지 아니하였다. 내 때가 되었다." "때"라는 말을 참 많이 하셨어요. 예수님께서 한 알의 밀알에 대해서 말씀하실 때도 "한 알의 밀이 땅에 떨어져 죽지 아니하면 한 알 그대로 있고 죽으면 많은 열매를 맺는다"라고 말씀하시면서 "내가 한 알의 밀알처럼 그렇게 죽는다." 그러면서 이렇게 말씀하십니다. "내가 이를 위하여 이때 왔다."

그런가 하면 십자가를 염두에 두고도 주께서 뭐라고 말씀하시냐면 마지막 유월절을 제자들과 함께 이렇게 나누면서 뭐라고 말씀하시냐면 제자들로 하여금 "내 때가 이르렀다 그러니 준비하라." 그렇게 말씀하세요.

> 이르시되 성안 아무에게 가서 이르되 선생님 말씀이 내 때가 가까이 왔으니 내 제자들과 함께 유월절을 네 집에서 지키겠다 하시더라 하라 하시니(마 26:18).

그런가 하면 마가복음 14:41에 보면 겟세마네 동산에서 기도하실 때도 제자들이 기도하지 않고 자고 있을 때 이렇게 말합니다. 그것을 보면서 "이제 그만 쉬라. 그만 되었다. 때가 왔다." 그렇게 말씀하셔요. 무슨 말이냐면 "이제 내가 십자가를 질 때가, 이제 죽을 때가 왔다." 여러분, 예수님은 항상 십자가를 중심해서 사셨습니다. 주님은 십자가를 지시기 위해서 이 땅에 오셨습니다. 더 쉽게 말하면 주님은 이 땅에 오신 이유가 죽기 위해서 오신 것입니다. 왜 주께서 오신 거예요? 죄로 말미암아 모든 인간이 다 진노 가운데 있는 그것을 보신 주님은 이미 아시는 주님은 우리를 살리기 위해서 주님께서 우리 대신 우리의 모든 죄를 짊어지시고 주님께서 대신 십자가에 못 박혀 죽으시기 위해서 이 땅에 오신 것입니다. 주님의 모든 생각 모든 초점 모든 목적 모든 방향은 어디에 있냐면 십자가에 있었습니다. 죽기 위해서 그때를 향해서 주님은 묵묵하게 걸어가신 것입니다.

우리를 위해 십자가를 향해 걸어가신 우리 주님 예수 그리스도

여기 우리가 생각할 게 있습니다. 누가 스스로 죽음의 길을 마다하지 않고 걸어가는 사람이 있습니까? 누가 내가 죽을 줄을 알면서 그 길을 걸어가는 사람이 있느냐 이 말입니다. 죽음을 피해 가는 사람은 있어도 죽음을 향해 가는 무모한 사람은 아무도 없어요. 피할 길이 없어서 어쩔 수 없기 때문에 그저 이렇게 죽음의 길로 갈 수는 있지만 얼마든지 피할 길이 있는데도 불구하고 피하지 않고 죽음을 향해서 걸어가는 사람은 아무도 없어요. 그런데 우리 주님은 천지 만물을 창조하신 하나님이십니다. 모든 것을 아시는 하나님이십니다. 내가 어떻게 죽을지 언제 죽을지 어떻게 사람들에게 배반당할지 뻔히 알면서도 그 십자가를 향해서 주님의 때를 향해서 걸어가신 분이 누구냐면 우리 주님 예수 그리스도이십니다. 여러분, 주님은 한 번도 주님의 때를 놓친 적도 없고 그것을 잊은 적도 없고 십자가를 향해서 걸어가는 그 방향을 한 번도 외면한 적이 없는 분이 우리 주님 예수 그리스도이십니다. 왜 그런 줄 아세요? 우리를 사랑하시기 때문입니다. 주님은 인간을 사랑하십니다. 주님은 사람을 사랑하십니다. 하나님의 형상대로 지음 받은 인간을 누구보다도 사랑하신 분이 누구냐면 우리 주님 예수 그리스도이십니다. 여러분, 주님의 사랑이 있기 때문에 우리가 사는 거예요.

저는 집사람과 이 이야기 하다가 어떨 때는 부끄러울 때가 참 많은데, 어떤 때는 은혜스러울 때가 참 많아요. 대각성전도집회를 두고서 이제 이 이야기 하다가 정말 하나님이 너무너무 은혜스럽고, "왜 그러냐?" 그랬더니 본인이 생각할 때 "내가 대각성전도집회를 앞에 두고 더 많이 기도해야 하고 더 많이 했어야 하는데 그러지 못한 나 자신이 정말 부끄럽다고 정말 부끄럽다." 이번에 몇 번을 저한테 이야기해요. 그래서 제가 그랬죠. 그 말을 들을 때에 제 가슴이 철렁해요. 또 저는 목사인데 "어휴, 목사인데 나는 거기다 비하면 더 내가 형편없다"라고 그랬더니 "무슨 소리냐"라고 "당신은 설교를 준비한 거라 그렇지." 제가 또 솔직히 이야기했습니다. 여러분, 설교 여섯 편 준비하는데 솔직히 제가 제 실력을 알잖아요. 그러니까 참 하나님 편에서 생각을 해보니까 너무 부끄럽고 죄송하고 그래서 둘이 똑같이 죄송하고 부끄럽다고 그렇게 해서 끝났습니다. 그러고는 이 자리에 이제 시간 시간 서는 거지요.

내 때가 이르지 아니하였다

사실 우리 모두는 하나님의 은혜가 아니면 살 수가 없잖아요. 하나님이 우리를 사랑하지 않으면 누가 우리를 사랑해요. 아무도 우릴 사랑하지 않아요. 정확하게 말해요. 누가 사랑해요? 여러분, 우리를 사랑하는 분이 누가 있어요? 없어요! 그 사랑, 다 이기적이에요. 다 이기적입니다. 그러나 주님은 죽으시러 오신 거예요. 십자가를 지시기 위해서 이 당에 오신 것이라 이 말입니다. 그런데 재미있는 것은 예수님께서 "내 때가 아직 이르지 아니했다"라고 말해 놓고는 거기 있는 하인들을 시켜서 뭐라고 말하냐면 "항아리에 물을 채워라." 이렇게 명령을 내립니다. 또 재밌는 것은 뭔지 아세요? "내 때가 아직 이르지 아니하였나이다." 그렇게 말을 했는데도 불구하고 예수님의 어머니가 뭐라고 말하냐면 하인들에게 "저 예수님이 말하면 어떤 말이든지 들으라"고 그렇게 말해요. 그게 오늘 본문에 나와 있어요. 한번 보실래요?

4 예수께서 이르시되 여자여 나와 무슨 상관이 있나이까 내
때가 아직 이르지 아니하였나이다 5 그의 어머니가 하인들에
게 이르되 너희에게 무슨 말씀을 하시든지 그대로 하라 하니
라 6 거기에 유대인의 정결 예식을 따라 두세 통 드는 돌항아
리 여섯이 놓였는지라 7 예수께서 그들에게 이르시되 항아리
에 물을 채우라 하신즉 아귀까지 채우니(요 2:4-7).

여러분, 재밌지 않아요? 예수님께서 "내 때가 이르지 아니하였다." 그렇게 말했는데도 불구하고 예수님의 어머니가 뭐라고 말하냐면 하인들에게 "시키는 대로 해라." 그렇게 말하면, 동문서답 아니에요? 제가 볼 때 두 분 다 좀 이상한 거 같아요. 그렇죠? 안 맞는 거 같아요. 그런데 예수님은, 예수님의 방법대로 말씀하시고 예수님의 어머니는 어머니의 생각대로 자기 수준에서 말씀하고 계시는 거예요. 평소 어머니가 말할 때 그대로 잘 순종했던 아들을 생각하고 이야기한 것이고 예수님은 이제는 하나님의 때를 따라서 자기가 이제 움직여야 한다고 생각하고 그리고는 어머님께 말씀을 드린 거라 이 말입니다.

유대인의 집에 가면 어느 집이든지 돌 항아리가 이렇게 있답니다. 왜냐하면, 이스라엘은 열대지방이기 때문에 샌들을 주로

신습니다. 샌들을 신으면 양말을 신지 않기 때문에 어느 집에 가든지 일단 이 발에 먼지가 자욱하게 쌓이는 것이죠. 그러면 손님이 딱 가면 맨 먼저 하는 게 뭐냐면 항아리에 물을 떠 가지고, 발을 먼저 씻기고 손님을 맞이하게 되는 겁니다. 이 집에는 돌항아리 여섯 개가 있는데 한 돌 항아리에 물이 몇 통씩 들어가냐면 보통 둘 내지 세 통이 들어가는 거지요. 그러니까 세 통 들어가면 여섯 개니까 열여덟 통이지요. 엄청나게 많은 거지요. 그니까 거기다 "물을 채워라" 하니까 하인들이 갔다가 아귀까지 물을 꽉 채운 거예요. 그러고는 채우고 나니까 예수님이 뭐라고 말씀하시냐면 "이제 연회장에 갖다 주어라" 그렇게 얘기합니다. 연회장에서 딱 먹어보니까 아니 지금까지 먹어본 포도주보다 더 맛있는 거예요. 극상품 포도주인 거예요. 예수님이 한 것을 모르지요. 너무 좋아서 신랑에게 가서는 뭐라고 말하냐면 "사람마다 좋은 포도주를 먼저 내고 취한 후에 낮은 것을 내거늘 그대는 지금까지 좋은 포도주를 두었도다." 그러면서 아주 만족하면서, 칭찬을 이 신랑에게 마음껏 칭찬을, 그러니까 누가 칭찬받아야 하느냐면 사실은 예수님이 칭찬받아야 하는데 누가 칭찬을 받았죠? 신랑이 칭찬을 몽땅 다 받았더라 이 말입니다. 거기에 있는 잔칫집에 참여한 모든 사람이 얼마나 즐거웠겠어요? 왜냐

하면 나중에 나온 포도주가 훨씬 맛있고 넉넉하니, 마음껏 먹고 남을 만큼 그렇게 됐으니 신랑의 기분은 좋고 사회 보는 연회장도 얼마나 기분이 좋았겠습니까? 그리고 참여한 사람들은 뭣도 모르고 기분이 좋았을 거라 이 말입니다.

결혼을 소중하게 여기신 예수님

중요한 것은 이거예요. 이 기적을 주께서 행하신 이유가 뭐냐 이 말입니다. 중요한 건 그거예요. 예수님께서 이 기적을 행하신 이유가 뭐예요? 세 가지를 들 수가 있는데 첫 번째는 주님께서 이 땅에 오셔서 첫 번째 이 표적, 이 결혼식장에서 이 기적을 행한 아주 중요한 이유가 있는데 그것은 주님은 결혼을 소중하게 여긴다는 사실입니다. 여러분, 살면서 인생의 기쁨, 행복, 큰 꿈, 기대되는 게 있다면 뭐예요? 남녀가 함께 공통으로 있는 것은 결혼이에요. 결혼을 아주 기분 나쁘게 생각하는 사람은 아무도 없을 거예요. 맞아요? 안 맞아요? "얘, 너도 이제 결혼해야지." 기분 나빠하는 사람 있어요? 아무도 없어요. "결혼해야지." 그러면 "아직 뭐 때가 안 돼서 좀 더 있다가요." 그러지만 속으로는 기분 좋지요. 결혼하면 기분 나쁘게 생각하는 사람은 없어요. 아무리 나이 많이 먹었어도. 몇십 년 전 내가 결혼한 것을 생각해 보면 "철모르게 결혼했지만 참 그때가 좋았지." 모두가 다 그렇게 말하지, "아, 기분 나빠. 내가 왜 결혼했는지 몰라." 그렇게 생각하는 사람은 아무도 없다 이 말이에요. 물론 진짜 이게 뭔 실수를 하고 잘못해서 꼬이고 그러면 그런 말을 하지만 사실은 결혼 자체는 너무 행복이라 이 말입니다. 결혼식 날 보십시오. 쭉 빼입은 신랑서 있는 것을 보면 다 웃잖아요. 그렇게 서 있는 신랑을 보고 우는 사람 봤어요? 아무도 없어요. 이쁘게 단장한 신부를 보면 모두가 다 감탄하고 "와~" 하고는 얼마나 즐거워하고 기뻐합니까? 그러잖아요? 그런데, 이런 잔칫날 포도주가 떨어졌다. 갑자기 서글퍼지잖아요. 난감하잖아요. 그런데, 난감한 상황을 행복과 기쁨으로 만드신 분이 누구냐면 우리 주 예수 그리스도라는 사실입니다. 인생의 어려움, 고난에서 그걸 바꾸실 수 있는 분이 누구냐면 "예수님이다"라는 사실입니다.

여러분, 오늘 이 시대에 이 자리에 참여한 성도 여러분, 꼭 기억하십시오. 주님은 결혼을 소중하게 여긴다는 사실입니다. 이 세상을 창조하신 하나님은 결혼을 정말 소중하게 여기신다는 사실을 잊지 마시기를 바랍니다. 어린아이가 커서 성인이 돼서 남녀가 결혼하는 것은 하나님께서 원하시는 거예요. 아담과 하와를 창조하신 하나님께서 그들을 부부로 허락하셨을 때 아담이 너무 좋아서 "내 뼈 중의 살 내 살 중의 살이라"고 하면서 행복해했습니다. 하나님은 아담과 하와를 창조하시고는 "기쁘고 즐겁게 살라"고 그렇게 이 땅에 사는 인생으로써 사명을 허락해 주신 것입니다. 이 세상을 다스릴 것을 그렇게 주께서 사명을 주셨습니다. 하나님은 우리로 하여금 기쁘게 살라고 행복하게 살라고 즐겁게 살라고 우리에게 가정을 허락해 주셨습니다. 따라 하십시오. "우리는 행복하게 살아야 할 이유가 있다." 여러분, 우리가 행복하게 살아야 할 이유가 있어요. 그것은 하나님의 명령이에요. 정말 가정을 잘 이루고 부부가 행복하게 살아야 할 이유가 있어요. 그것은 하나님께서 우리에게 허락하신 거예요. 인생의 기쁨과 즐거움은 어디서 시작하냐면 가정에서부터 시작이에요. 결혼에서부터 시작이에요. 맞아요 안 맞아요? 아무리 부모님 밑에서 잘 자랐어도 결혼 한번 잘못하면 어떻게 되죠? 인생이 꼬이고 힘든 거예요. 그런데 결혼 거기서부터 모든 인생이 시작되는 거라 이 말입니다. 성경은 우리에게 뭐라고 말씀하시는지 아세요? 사랑하는 아내와 즐겁고 행복하게 살라고 가르치셨어요.

네 헛된 평생의 모든 날 곧 하나님이 해 아래에서 네게 주신 모든 헛된 날에 네가 사랑하는 아내와 함께 즐겁게 살지어다 그것이 네가 평생에 해 아래에서 수고하고 얻은 네 몫이니라 (전 9:9).

여러분, 성경은 결혼해서 아내와 남편과 함께 행복하게 살 것을 우리에게 말씀해 주셨습니다. 오죽하면 약혼하고 결혼하지 않은 그러한 총각이 전쟁터에 나갔으면 "골라서 다시 집으로 돌려보내라." 그렇게 성경은 우리에게 가르쳐 주십니다. 약혼을 했는데 결혼하지 않았어요. 그러면 그것을 알면 "안 돼! 빨리 집으로 돌아가라!" 그랬어요. 왜 그랬냐 하면, 혹시 전쟁하다 죽으면 약혼녀를 다른 남자가 차지할 수 있으니까 "절대 안 된다. 그러니까 다시 돌아가라." 성경은 우리에게 가르쳐 줘요.

여자와 약혼하고 그와 결혼하지 못한 자가 있느냐 그는 집으로 돌아갈지니 전사하면 타인이 그를 데려갈까 하노라 하고 (신 20:7).

여러분, 성경을 잘 보십시오. 성경을 보면 모든 기본이 어디에서부터 시작하냐면 부부에서부터 시작이에요. 가정이라 이 말이에요. 성경을 잘 보면 얼마나 이 부부와 가정, 이것을 소중하게 여기는지 모릅니다. 하나님은 세심하게 결혼의 행복 가정의 기쁨을 잘 챙겨서 우리에게 허락해 주신 것이라 이 말입니다.

이렇게 가정을 소중하게 여기시는 그 하나님이신데 주님께서 그만 혼인 잔치에 딱 갔는데 포도주가 떨어진 거예요. 난감한 거 아니에요? 주님은 하나님이시잖아요. 하나님이신데 정말 인생이 잘 살고 결혼을 가장 소중하게 여겨서 모든 게 이 가정에서부터 이뤄지는 것을 주님께서 허락하셨는데 그만 그 자리에 포도주가 떨어졌을 때 주님께서 가만히 계시겠느냐 이 말이죠. 오히려 그것을 엎어서 난감하고 정말 누가 봐도 어려운 상황에서 기쁨을 주신 분이 누구냐면 우리 주님 예수 그리스도라는 사실입니다.

예수 믿는 가정, 예수 믿는 부부 우리는 잘 들어야 해요. 주님께서 성도의 가정을 소중하게 여긴다는 것을 잊지 마시기를 바랍니다. 먹고 사는 게 힘들고 또 때로는 몸이 아프고 둘 중에 어떤 사람은 이렇게 생활 능력이 없을 만큼 결손이 있을 수 있어요. 그러나 그것 때문에 가정이 파괴돼서는 안 된다. 가정은 너무 소중해요. 주님은 첫 번째 표적을 가나의 혼인 잔치에서 이렇게 베푸신 것은 깨닫게 하신 거예요. 가정이 얼마나 중요한지. 결혼이 얼마나 중요한지. 여러분, 집에 돌아가셔서 여러분의 배우자에게 이렇게 말하십시오. "당신은 소중한 사람이야"라고 그리고 "내가 당신과 결혼한 것이 최상의 선택이었다." 꼭 그렇게 말하십시오. 여러분, 이것만큼 좋은 게 없어요. 부부가 만나서 서로에게 사랑을 고백하고, 서로 좋다고 이야기하는 것만큼 인생의 큰 행복은 없어요. 맞아요? 안 맞아요? 맞잖아요. 여러분, 어느 남자든 간에 아내에게서 "내가 당신 같은 남자를 만났다니 내가 정말 행복한 사람이오." 이 말 들을 때에 남자가 얼마나 기쁘겠어요. 남자가 나가서 뼈가 으스러져도 일하고 싶은 마음이 생기는 게 그 한마디 아닙니까? 여자도 마찬가지예요. "내가 어떻게 당신 같은 여자를 만날 수 있을까? 내가 당신 같은 여자를 만나게 가장 큰 복이라고." 이 말을 들을 때에 그 여자가 얼마나 행복하겠습니까? 주님은 그렇게 살기를 원하셔요. 이 땅에서 주님께서 하나님 나라로 옮길 때까지 부부가 가정이 그렇게 살기를 원합니다.

저는 젊은 가정이 부부가 알콩달콩 잘 살면 옆에서 볼 때 그렇게 이쁠 수가 없어요. 너무 좋지요. 그리고 서로 사랑하고 아끼면서 사는 것을 보면 너무 너무 이 어른으로서 볼 때 그렇게 보기가 좋을 수가 없어요. 그러고는 한편으론 나도 젊었을 때 조금 더 잘 살았으면 얼마나 좋았을까? 여러분, 모든 어른이 다 마찬가지일 거예요. 젊은 부부들이 알콩달콩 잘 살면 어른들이 볼 때는 다 아름답고 그렇게 이쁠 수가 없습니다. 아니, 하나님 보실 때는 얼마나 그게 좋겠냐 이 말입니다. 하나님이 우리로 하여금 가정, 소중하게 여기고 잘 살 것을 말씀해 주셨는데, 예수님께서 가나의 혼인 잔치에서 물이 포도주가 되게 하신 것은 주님이 얼마나 부부를, 가정을, 결혼을 소중하게 여겼는가를 알 수가 있습니다. 한번 결혼은 평생을 한 여인을 위해서 한 남자를 위해서 살다가 주님께 함께 가는 거예요. 이것이 주께서 원하는 것이라 이 말입니다.

주님께서 영광 받으시기 위함

두 번째 주님께서 이 기적을 베푸신 이유가 있는데 그것은 주님께서 영광을 받으시기 위함이었습니다. 그리고 이 영광을 받으시기 위한 건데 그것이 무엇이냐면 제자들로 믿게 하기 위해서 이 기적을 베푸셨다 이 말입니다.

> 예수께서 이 첫 표적을 갈릴리 가나에서 행하여 그의 영광을 나타내시매 제자들이 그를 믿으니라(요 2:11).

여러분, 이 가나의 혼인 잔치에서 기적을 행함으로 말미암아 누가 영광을 받으시기를 원했냐면 예수님이 받으시기를 원했어요. 그런데 누구를 통해서 받으시냐면 제자들을 통해서 받으십니다. 제자들이 몇 명이라고 그랬죠? 다섯 명. 다섯 명을 통해서 영광을 받아요. 근데 이것은 조금 더 생각해야 해요. 예수님의 제자는 다섯 명밖에 없어요. 근데 사실은 진짜 영광 받는 사람은 누구죠? 신랑이 받아요. 누가 영광을 중간에 딱 가로채냐면 신랑이 가로채요. 포도주가 떨어져서 가장 곤혹스럽게 있을 사람이 누구냐면 신랑이에요. 신랑인데 이런 당황스럽고 곤혹스러운 상황에서 이것을 뒤엎어서 기쁨과 즐거움을 준 사람이 누구냐 하면 예수님이에요. 그런데 예수님이 이렇게 안 했어요. 항아리에다가 손을 대고 "아브라카다브라, 수리수리마수리"(주문 외우듯) 기도한 것도 아니고, 누가 보라고 그렇게 한 것이 아니라 이 말이죠. 아니면 "주여~! 으! 으!" 해서 이제 "날라라." 이렇게 한 것 아니고 아무도 모르게 하인들에게 조용히 말했어요. "물 갖다 따라 부어라." 그랬더니 채워요. "어, 다 채웠니? 그러면 갖다 나눠줘라.” 누가 봐도 아무 이상한 것이 하나도 없는 그야말로 몰라요. 조금 정신 차려야만 알아차릴 상황이라 이 말입니다. 예수님께서 고함을 지르고 기도하고 아니면 물이 막 “포도주가 되어라!” 명령을 내려 “으악!” 한다든지 그것도 아니고 그냥 하인들에게 조용히 “물 떠다 부어라.” 부었어요. “연회장에게 갖다주어라.” 그렇게 했지, 어떤 뭐 남들이 볼 때 특이한 행동을 했다든지, 어떠한 목소리를 거룩하게 홀리 톤으로 했다든지, 그것도 없어요. 신경 쓰지 않으면 아무도 몰라요.

그런데 누가 이것 때문에 기뻐서 칭찬을 신랑에게 하냐면 연회장입니다. 결혼할 때 연회장은 모든 것을 관장해요. 사회도 보고 모든 것을 다 하면서 손님들 접대하고 누구 대신? 주인 대신 다 하는데 포도주가 떨어졌을 때 연회장이 누구한테 이야기해요. 독촉하는 거죠. 신랑한테 합니다. 그런데 신랑은 뭐 아무것도 모르잖아요. 그런데 포도주가 극상품으로 들어올 때 이 연회장이 자기가 지금까지 결혼식을 다 이렇게 사회를 보고 그랬지만 이런 집은 없는 거예요. 그래서 신랑을 아주 높이면서 칭찬을 하고 사람들한테 쫙 아마 이야기하지 않았겠어요? “이런 집은 처음 본다. 이야, 이 집은 멋있는 집이다.” 그러면서 뭐 “브라보.” 어쩌고 그러면서 뭐 신랑을 위하여 그러면서 별짓을 다 하면서 누구에게 이렇게 포커스를 다 맞추냐면 신랑에게 맞췄을 거라 이 말입니다. 이게 굉장히 중요한 거예요.

그런데 진짜 영광을 받으실 분은 누구냐면 예수님입니다. 사실 물이 포도주가 된 사건은 별것도 없습니다. 무엇과 비교할 때 별것도 없냐면 죽은 자를 살린 사건과 비교할 때입니다. 앉은뱅이가 걷게 되는 것과 비교해도 그렇게 큰 사건은 아닙니다. 소경이 눈 뜬 것에 비교하면 물이 포도주가 된 일은 그리 큰 기적은 아니지요. 그런데 이 기적을 표적이라 한 이유가 있습니다. 여러분, 잘 보십시오. 가만히 보면 예수님이 한 것을 누구만 아냐면 하인들이 알고, 유심히 본 제자들만 아는 거예요. 여기에 묘미가 있는 겁니다. 주님께서 행하신 일은 이 세상을 잘 보십시오. 해가 뜨고 지고 바람이 불고 모든 이렇게 철철이 지나면 자연이 바뀌고 봄이 되면 꽃이 피고 여름에는 만개하고 가을이면 추수가 되고 이런 것을 가만히 보십시오. 누가 하시냐면 하나님이 하십니다. 오늘 하나님의 역사를 누가 아냐면 예수 믿는 사람들이 아는 거예요. 연회장도 모르고 신랑도 모르고 아무도 모르는데 누가 알아요? 하인들이 알고 예수님의 제자들이 아는 거예요.

오늘 대명천지 같은 21세기에 살고 있지만, 하나님의 역사를 누가 아냐면 예수를 믿는 사람들이 알아요. 믿음으로 사는 사람만이 "아, 그래 하나님이 역사하셨구나. 맞아, 하나님이 진짜 하나님이시지. 예수님이 우리 구원자이시지." 누가 알아요? 오늘 예수 믿는 사람이 알지 세상은 몰라요. 그 자리에 있었던 일이지만 그것을 유심히 보는 제자들과 하인들은 알지만, 거기서 많은 사람과 하객들과 연회장도 모르고 신랑도 몰라요. 오늘 하나님의 역사가 이렇게 사람들이 볼 때는 거대하게 흘러가고 있고 마치 사람들이 뭐 트럼프가 뭐가 오고 뭐가 하는 것 같지만 아니에요. 그 큰 역사 속에 주인이 누구냐면 하나님이라는 것을 누가 아냐면, 예수 믿는 성도들만 아는 거예요. 주님은 누구에게 영광 받으시냐면 제자들에게 영광을 받고 예수님 믿는 하나님의 사람들에게 영광을 받습니다.

여기에 아주 중요한 게 있어요. 오늘 이 시대에 예수님을 믿는 성도들을 통해서 주님은 영광 받으시기를 원하신다는 사실입니다. 안 믿는 사람들은 모르는 거예요. 주님을 모르는 사람들은 그것을 알 수가 없고, 하나님께 영광을 돌릴 수가 없어요. 그런데 주님을 아는 사람, 주님이 어떤 분인가를 아는 사람은 영광을 돌리지 않을 수가 없어요. "우와, 진짜 우리 주님은 구원자이시다. 우리 주님이 진짜 하나님이시다." 누가 이런 진정한 영광을 돌릴 수가 있냐면 예수 믿는 사람만이 이것을 돌릴 수가 있는 거라 이 말입니다. 이 표적을 행한 이유는 어디에 있냐면, 여기에는 아주 중요한 목적이 있어요. 주님을 아는 사람들, 주님을 믿는 사람들을 통해서 주님은 영광 받으시기를 원한다는 사실입니다. 여러분, 오늘 주님은 교회를 통해서 영광 받으시기를 원해요. 주님은 예수 믿는 성도들을 통해서 영광 받기를 원한다는 사실입니다. 오늘 우리의 삶이 하나님께 영광 돌리는 삶이 되어야 해요.

웨스트민스터 소요리문답 첫 번째가 뭔 줄 아세요? "사람이 제일 되는 목적이 뭐냐?" "하나님을 영화롭게 하고 영원토록 그를 즐거워하는 것이다." 우리가 사는 목적이 뭐예요? 하나님께 영광 돌리는 것이에요. 내가 사는 목적이 뭐예요? 하나님께 영광 돌리는 것이에요. 내가 이 땅에 태어난 이유가 뭐예요? 하나님께 영광 돌리는, 아니 하나님이 우리로 하여금 이 땅에 태어나게 하신 이유가 무엇인 줄 아세요? 하나님께 영광 돌리는 것입니다. 하나님께 영광 돌리기 위해서 우리를 이 땅에 태어나게 하시고 하나님의 자녀로 삼아 주시고, 이 세상에 이렇게 함께 주를 섬기게 한 것이라 이 말입니다. 주님은 이 표적을 통해서 제자들을 통해서 영광 받으시기를 원하고 오고 오는 시대에 예수 믿는 성도들을 통해서 맞아 주님만이 모든 문제의 해결자고 구원자이신 것을 알게 해서 주님이 영광 받으시기를 원한다는 사실입니다. 이 자리에 오신 사랑하는 성도 여러분, 그리고 초대받은 성도 여러분. 여러분 모두 하나님께 영광 돌리는 저와 여러분 다 되기를 바랍니다.

표적, "예수님은 누구신가?"

또 하나가 있어요. 여기 보면, 이 물이 변하여 포도주가 된 것을 뭐라고 말하냐면 "표적"이라 그랬어요. "표적"이라는 말은 이 사건을 통해서 무엇을 암시하는 것, 예표하는 것이 있다는 것을 말합니다. 예수님을 예표하는 거예요. 예수님이 어떤 분인가를 우리에게 이렇게 미리 물이 변해서 포도주가 되는 사건을 통해서 "아, 예수님이 이런 분이구나"를 알게 해주는 그런 표적이라는 사실입니다. 여러분, 주님은 어느 때를 향해서 걸어가신 분이냐면 주님의 때를 향해서 걸어가신 분입니다. 주님이 이 땅에 오신 이유는 죽으시기 위해서입니다. 주님은 그냥 이 땅에 오셔서 산 것이 아니라 십자가를 향해서 걸어가신 분이십니다. 그 주님께서 뭐라고 말씀하셨는지 아세요? "내 피를 마시지 않고 내 살을 먹지 아니하면 나와는 아무 상관이 없다." 여러분, 예수님의 살과 피가 어떤 것을 의미하죠? 예수님께서 십자가에 못 박혀 죽으실 때 그 육신의 고통과 그리고 못 박혀 죽으실 때 흘리신 주님의 보혈을 우리에게 상징적으로 말씀하고 있는 것입니다. "주님의 살, 주님의 피, 주님의 살을 먹지 않고 주님의 피를 마시지 아니하면, 주님과 아무 상관이 없다." 무슨 말입니까? 예수님이 십자가에 못 박혀 죽기 위해서 이 땅에 온 것을 말씀해 주십니다.

> 53 예수께서 이르시되 내가 진실로 진실로 너희에게 이르노니
> 인자의 살을 먹지 아니하고 인자의 피를 마시지 아니하면 너
> 희 속에 생명이 없느니라 54 내 살을 먹고 내 피를 마시는 자
> 는 영생을 가졌고 마지막 날에 내가 그를 다시 살리리니 55 내
> 살은 참된 양식이요 내 피는 참된 음료로다 56 내 살을 먹고
> 내 피를 마시는 자는 내 안에 거하고 나도 그의 안에 거하나
> 니 57 살아 계신 아버지께서 나를 보내시매 내가 아버지로 말
> 미암아 사는 것 같이 나를 먹는 그 사람도 나로 말미암아 살
> 리라(요 6:53-57).

이게 무슨 뜻인 줄 아세요? 예수님께서 십자가에 못 박혀 죽으심으로 말미암아 그 예수님을 믿음으로 영생 얻는 것을 우리

에게 가르쳐 주십니다. 다시 말해서 가나의 혼인 잔치에서 일어난 이 사건은 물이 변해서 포도주가 된 것은 "내가 장차 너희를 위해서 이렇게 내 피를 쏟아서 너를 위해서 너의 모든 죄를 대속하는 십자가에 죽을 것"을 예표하는 것으로, 가나의 혼인 잔치에서 물이 변하여서 포도주가 된 거라 이 말입니다. 주님은 우리를 살리시기 위해서 그 피를 쏟아 내셨습니다. 십자가에서 피 한 방울 남기지 않고 쏟아 내신 분이 우리 주님 예수 그리스도이십니다. 주님이 그 피를 쏟으신 이유는, 십자가를 지신 이유는 우리에게 생명을 주시고 우리를 살리기 위해서입니다. 주님의 뜻은 우리를 살리는 것입니다. 요한복음 6:40에도 보면 주님 우리를 다시 살리고 생명을 주신다고 말씀해 주십니다.

> 내 아버지의 뜻은 아들을 보고 믿는 자마다 영생을 얻는 이것이니 마지막 날에 내가 이를 다시 살리리라 하시니라(요 6:40).

여기 가나의 혼인 잔치에서 주께서 행하신 일, 물이 변하여 포도주가 된 것은 다른 게 아니에요. "내가 이렇게 죽는다. 그래서 물이 변해서 포도주가 되는 것처럼 내가 모든 내 모든 이 생명, 내 모든 삶, 내 모든 피를 다 쏟아서 너희를 살려 새 생명이 되게 하는 거다. 너희를 살리게 하는 것이다." 주님께서 이것을 우리에게 보여주기 위하여서 첫 번째 가나의 혼인 잔치에서 우리에게 주신 표적으로서 우리에게 이 기적을 허락해 주신 것입니다.

여러분, 주님은 우리를 살리기 위해서 이 땅에 오셨습니다. 주님은 우리를 살리는 데 주저하지 않으신 우리 주님 예수 그리스도이십니다. 영생은 유일한 자 참 하나님과 그가 보내신 자 예수 그리스도를 아는 것입니다. 주님께서 완벽하게 물이 변해서 포도주로 만든 것처럼 예수를 믿는 자는 죽음에서 생명으로 완벽하게 바꿔시는 질적으로 완벽하게 바뀌어서 죽지 않는 영원한 생명으로 만드신 분이 바로 우리 주님 예수 그리스도이십니다. 물이 완벽하게 바뀌어서 포도주가 되는 것처럼 죽은 자가 완벽하게 바뀌어서 죽지 않는 자로 만드신 분이 누구냐면 우리 주님 예수 그리스도이십니다. 주님은 오늘도 똑같이 우리에게 사랑으로 다가오십니다. 주님은 지금도 우리를 살리시기 위해서 우리에게 생명을 주시기 위해서 우리를 위해서 간구하시고, 우리를 초대하시고 주님께 돌아오기를 원하십니다.

사랑하는 성도 여러분, 그리고 이곳에 처음 참여하는 성도 여러분, 주님은 우리에게 생명 주시고 구원을 주시기 위해서 십자가에 못 박혀 죽으시고 죽은 자에게 생명 주시는 물이 포도주가 변해서 질적으로 완벽하게 바뀐 것처럼 죽은 자를 살리신 분이 우리 주님 예수 그리스도이십니다. 성경은 말합니다. "영접하는 자 곧 그 이름을 믿는 자들에게는 하나님의 자녀가 되는 권세를 주신다." 누구든지 예수 그리스도를 나의 구주로 모시고 영접하는 순간 하나님의 자녀가 되고 하나님의 백성이 되는 이 놀라운 특권을 우리에게 주신다고 말씀해 주십니다. 그 주님을 여러분의 주님으로 모시기를 원합니다. 그 주님을 여러분의 구주로 모시기를 바랍니다. 주께서 여러분을 환영하실 것입니다. 목숨 걸고 아니 목숨 바쳐서 자기가 장차 이렇게 십자가에 못 박혀 죽을 것을 이미 첫 번째 표적부터 보여주신 분이 누구냐면 우리 주님 예수 그리스도이십니다. 주님은 죽으시기 위해서 오셨고 우리를 살리시기 위해서 십자가에 못 박혀 죽으시고 첫 번째 표적부터 "내가 이것을 위해서 왔다. 너희를 위해서 왔다. 너희를 살리기 위해서 온 사람이 누구냐면 바로 나다. 내가 이 땅에 온 이유가 뭐냐면 바로 너희들에게 생명을 주기 위해서 이 땅에 왔다." 이것을 알게 한 첫 번째 이 표적을 가나의 혼인 잔치에서 우리에게 베풀어 주신 표적입니다. 그 주님 예수 그리스도, 우리에게 생명을 주신 그 주님이 여러분의 가슴에 남기를 원하고, 그 주님이 여러분의 구주가 되시고 생명이 되셔서 예수 생명으로 사는 저와 여러분이 되기를 바랍니다. 기도하겠습니다.

· · · · ·

하나님 아버지, 감사합니다. 오늘 이 저녁에도 주의 말씀으로 우리에게 깨닫게 하시니 감사합니다. 공생애를 시작하면서 첫 번째 표적, 십자가에 죽기 위해서 우리를 살리기 위해서 그 몸, 찢기고 그 피를 다 쏟으시면서 죽었던 우리를 생명의 사람으로 만들기 위해서 물이 변하여 포도주가 되게 한 것처럼 죽은 자를 살리시고 생명 없는 자를 생명 있는 자로 만드시는 그 주님이신 것을 우리에게 알게 해주시니 고맙습니다. 주님 이 시간에 주님을 나의 구주로 모시기를 원합니다. 주여, 여기 가슴에 손을 얹은 심령 심령들을 받아 주옵시고 주께서 은혜로 인도하여 주옵소서. 마음은 원이지만 아직 서먹거리고 아직 가슴에 손을 참 멋쩍은 가운데 있지만, 그러나 주님이 나의 구주이기를 믿고 따르기를 원하는 심령도 있는 줄로 압니다. 주님, 저들을 품에 안아주시옵고 하나님의 따뜻한 사랑으로 그리고 은혜로 함께하여 주시옵소서. 예수님의 이름으로 기도하옵나이다. 아멘.

5.

짧은 인생, 고귀한 삶

• • • • •

시편 90:1-17

여러분, 오늘 설교 제목이 뭔 줄 아세요? "짧은 인생, 고귀한 삶"입니다. "짧다"라는 말 속에는 여러 가지 의미가 담겨 있습니다. "짧다" 하면 "아쉽다. 허무하다. 인생이 무상하다." 그리고 또 "시리다." 그런 의미를 가지고 있습니다. "짧다"라는 말 속에는 무한한, 어쩌면 끝이 없을 만큼 그러한 인생의 허무와 아쉬움, 무상함이 이렇게 실려 있습니다. 전도자는 전무후무한 그러한 지혜를 가진 사람임에도 불구하고 이렇게 고백해요. "헛되고 헛되며 헛되고 헛되니 모든 것이 헛되도다." "헛되다"라는 말을 한 번 두

번 한 것이 아니라 반복해서 "헛되다"라고 말합니다. 전도자가 말한 "헛되다"라는 말은 안개 혹은 입김을 말하는데 자욱하게 안개가 내리 꼈지만 해가 둥실 떠오르는 순간 그렇게 자욱하게 내리 꼈던 그래서 한 치 앞을 내다볼 수 없는 그런 상황이더라도 한순간에 안개가 걷히고 마는 겁니다. 입김은 말할 것도 없지요. 추운 겨울에 입에서 입김을 훅 불어내면 보이는 것 같지만 순간적으로 사라져 버리는 게 입김 아닙니까? 이것을 인생이라 그렇게 말합니다. 그러니 안개와 같고 입김과 같은 이런 인생을 가만히 생각하면 얼마나 허무하고 시리고 살면 살수록 내 가슴에 공허함이 이렇게 뻥 뚫리는 것처럼 느껴지게 만들지 않습니까?

오늘 시편 90편은 모세가 지은 시인데 모세는 백이십 년을 산 사람입니다. 그럼에도 불구하고 오늘 그가 고백하기를 이렇게 고백해요. "인생 칠십이요. 강건하면 팔십이다." 백이십 년을 살았지만 그의 고백은 "인생 칠십이요. 강건하면 팔십이다." 그렇게 고백해요. 그런데도 불구하고 그 인생 칠십, 강건하면 팔십인 인생인데도 불구하고 "자랑은 할 것이 없이 수고와 슬픔뿐이다." 그렇게 말합니다. 시간이 얼마나 빨리 지나가는지 그것도 수고와 슬픔뿐인데 "신속히 가니 날아간다. 우리가 날아간다." 그렇게 고백합니다. 사실 나이가 들수록 우리가 깨닫는 것이 참 많지요. 어린아이들이 자라는 것을 보면 왜 이렇게 빨리 자라는지 반대로 보면 우리가 그렇게 빨리 늙어 가는 것을 사실은 생각하지를 못하는 것이지요. 어린아이, 초등학교 다니던 아이가 언제 컸는지 벌써 커가지고 결혼해서 아이를 낳고 키우는 것을 보면 진짜 인생이 빨라도 그렇게 빠를 수가 없고 날아도 그렇게 신속하게 날아갈 수가 없습니다. 어떤 분이 시간을 나이대로 이렇게 설명했는데 사십 대는 월수토, 월수토 하다가 오십 대는 월토, 월토 한다고 그렇게 말하면서 육십 대는 월, 월 한다고 합니다. 그러니 여러분들이 지금 이렇게 말씀드리니까 나도 모르게 툭툭 튀어나오는 게 웃음 아니에요? 그렇지요? 이게 인생이라는 것이지요. 너무 빨리 지나가는 것이지요. 요즘 백 세 시대라고 말하지만 그 시간도 뒤돌아보면 잠깐이라는 것을 잘 알 수 있습니다.

제가 모셨던 분 중에 구십육 세에 돌아가신 노진현 목사님, 이분은 일제강점기에 이미 유학까지 하셨던 아주 탁월하게 공부를 잘하시고 박사학위까지 했던 그런 분입니다. 그런데 이분이 구십일 세 되던 해 여름에 설교하시다 말고는 뭐라고 말씀하시느냐 하면 "내가 인생을 구십일 년 살았는데 자기 자신을 내가 구십 밤을 산 사람이요." 그러면서 내가 뒤돌아보니까 꼭 며칠 밤을 잔 것 같다고. 며칠 밤을 잠을 잔 것 같다고. 구십일 년을 세면 얼마나 긴 날들입니까? 그런데도 뒤돌아보니까 며칠 밤을 잔 것 같은 그렇게 너무 쉽게 지나가고 짧은 인생이라고 이렇게 말합니다. 모세는 한술 더 떠요. 구십 밤이라고 말하면서 며칠 밤 잔 것 같다고 말을 한 노진현 목사님과는 게임이 안 될 정도로 모세는 이렇게 말합니다. "마치 천 년을 산 인생이라 할지라도 그 천 년은 밤의 한 경점 같다. 한순간 같다." 그렇게 말합니다. 그러니 요즘 백 세 장수 시대라고 자랑하고 과거에 비해서 오래 산다고 그렇게 말하지만 백 년이 아니라 천 년을 산다고 할지라도 그 세월은 한밤중에 경점이라 그렇게 말하고 있는 거예요. 하나님 편에서 볼 때는 인생이 백 년, 천 년이 아니라 그 긴 세월도 아무것도 아니다. 짧다. 밤의 한 경점과 같다. 한순간과 같을 뿐이다. 그렇게 말합니다. 그것만이 아니지요. 인간의 아름다움, 인간의 화려함도 사실은 잠깐입니다. 젊었을 때 아름다움, 아름답지 않은 사람은 아무도 없습니다. 그런데 그것도 잠깐 자는 것 같다. 그렇게 설명합니다. 사람이 잠들면 깨어 있는 때보다도 얼마나 빨리 지나갑니까? 우리는 가끔 너무 피곤할 때 잠깐 자고 일어나면 벌써 몇 시간 훅 지나가고 마는 거지요. 이게 젊음이라 그렇게 말합니다. 시편 기자는 이렇게 빨리 지나가는 인생에 대해서 "한 뼘 길이 같다." 그렇게 말합니다.

주께서 나의 날을 한 뼘 길이만큼 되게 하시매 나의 일생이 주 앞에는 없는 것 같사오니 사람은 그가 든든히 서 있는 때에도 진실로 모두가 허사뿐이니이다 (셀라)(시 39:5).

여기 보면 개역개정판에는 한 뼘 길이, 우리가 지금 보는 성경에는 "한 뼘 길이 같다." 그렇게 말하지만 개역한글판에는 뭐라고 말하느냐 하면 주께서 나를 하고는 "손바닥 넓이 같다." 그렇게 말합니다. 여러분 손바닥 넓이가 얼마나 넓어요? 짧잖아요. 이렇게 잡으면 잡히는 것이 손바닥 넓이 아닙니까? 이 말은 무슨 말이냐 하면 우리 인생이 그렇게 짧은 것이다. 그냥 훅 지나가고 마는 것이다. 그런데 거기서 끝나지 않고 주 앞에는 없는 것 같다. 그렇게 말합니다. 주님이 볼 때는 없는 것 같다. 그리고 사람이 그 든든히 선 것도 사실은 허사뿐이라고 말합니다. 아주 건장한 것 같은데 영원할 것 같은데 어느 날 보면 벌써 두 다리에 힘이 쭉 빠지고 얼굴에 잔주름이 있고, 머리는 백발로 바뀐 것을 보게 됩니다. 이게 인생이다. 이게 인생이다. 잠깐 살다 가는 것이 인생이다. 이게 어떤 존재인 줄 아느냐? 나그네다. 그렇게 말합니다.

오늘 이런 나그네, 잠시 잠깐 살다가 그러고 훅 지나버리고 나면 아무도 기억을 안 해요. 잊어버리고 말지요. 여러분들이 종종 이렇게 운동하면서 이렇게 산책하고 거닐다 보면 때로는 연세 드신 분들이 이렇게 걷는데 제대로 걷지 못하고 뒤뚱뒤뚱 걷거나 이렇게 다리를 절뚝절뚝하면서 걷는 것을 보실 거예요. 그건 다 남 이야기가 아니라 다 우리가 나중에 걸어갈 그 길인 것을 아십시오. 저도 어느 때 보면 아침에 일어나면 허리가 굽어서 저희 어머니처럼 이렇게 되어 있는 것처럼 보여요. 그러니까 허리가 이렇게 힘을 못 쓰는 것이지요. 그리고 걷는 것도 집사람이 여보! 뒤꿈치부터 디뎌요. 뒤꿈치부터 디뎌. 그러는데 안 돼요. 그래가지고는 찌직찌직 이렇게 걸으면 나중에 뭐라고 말하느냐 하면 나이 든 사람들의 다 똑같은 모습이라고 하면서 제발 좀 뒤꿈치 좀 디디라는 거예요. 그런데 의도적으로 걸을 때는 저도 짱짱하게 걷는데 의도하지 않고 걸을 때는 저도 모르는 사이에 이렇게 찌직찌직하게 걸어요. 이 말 여러분 알겠습니까?

아까 간증할 때는 저도 모르게 눈물이 나던데 어머니가 사십 두 살에 돌아가셨다니까 여러분 한번 생각해 보십시오. 어디에 멈추느냐 하면 사십 두 살에 멈추는 것이지요. 우리 어머니 마흔두 살, 아무리 세월이 많이 흘러도 딱 죽으면 죽음, 그 시간에 멈추는 거예요. 사람은. 우리 어머니 마흔두 살. 그걸로 멈추는 것이지요. 저희 아버지 오십팔 세에 돌아가셨는데 늘 오십팔 세에 멈춰 있는 것이지요. 저는 오십팔 세, 우리 아버지 오십팔 세. 저만 그런 줄 알았더니 저보다 연세가 많이 드신 분이 이발소에 앉아 있는데 이 이발소에 앉아서 연세 드신 분이 머리를 깎으면서 자기가 어렸을 때 6.25가 났는데 자기 아버지가, 그러면서 뭐라고 하느냐 하면 "우리 아빠가", 이 연세 드신 저보다 연세가 많으니까 한 팔십 되신 것 같아요. 그런데 이분이 "우리 아빠가" 그러면서 자기 일제강점기, 한국전쟁 때 자기를 보호해 주기 위해서 아빠가 나를 업고 가고 딱 보호해 준 그것이 생각나서 그때도 이 머리를 깎으면서 거기에 멈춰 있는 거예요. 거기에 딱 멈춰서 우리 아빠, 우리 아빠. 팔십 되시는 분이 우리 아빠 그러는 거예요. 여러분! 사실 우리 모두는 나이가 많이 든 것 같아도 결국은 어린아이와 같은 거예요. 맞아요? 안 맞아요? 인생의 짧음을 생각하면 허무하기 그지없지요.

주는 대대에 우리의 거처가 되셨나이다

그런데 오늘 시편 기자가 방향을 돌려서 하나님을 향해서 바라봅니다. 하나님을 볼 때 하나님은 어떤 분인가? 하나님은 너무너무 길고 크고 영원하신 분이심을 그가 깨달아요. 오늘 시편 90:1, 2절에 보면 오늘 발견한 모세가 발견한 하나님에 대한 고백입니다.

> [1] 주여 주는 대대에 우리의 거처가 되셨나이다 [2] 산이 생기기 전, 땅과 세계도 주께서 조성하시기 전 곧 영원부터 영원까지 주는 하나님이시니이다(시 90:1-2).

여기 보면 오늘 시편 기자인 모세가 인생의 허무를 가만히 보다가 "왜 이렇게 짧아. 너무 시려." 여러분 어떤 때에 "시리다"라는 말은 인생이 허무하면서 시린 것만은 아니잖아요. 어떤 때에 어떤 사람들의 사연을 들어보면 나도 모르는 사이에 가슴이 어때요? 같은 아픔을 가지게 되고 또 그 사람이 겪은 것과 내가 겪은 것이 비슷하면 어떻지요? 그게 꼭 내 일처럼 가슴에 딱 와 닿고는 그리고 두고두고 생각할 때 나도 모르는 사이에 어때요? 시린 마음이 이렇게 들잖아요. 꼭 시리다는 말은 "허무하다. 짧다." 그것만 있는 것이 아니라 "같은 아픔을 이렇게 공유하는 것"이라 이 말입니다.

오늘 모세가 하나님을 향해서 이렇게 발견하는데 가만히 보니까 영원하신 하나님이에요. 그리고 딱 보게 된 것이 뭐냐 하면 이 하늘과 땅, 세계도 주께서 조성하신 것을 보게 됩니다. 그런데 다른 것을 말하는 것이 아니라 산이 생기기 전 땅과 세계도 주께서 조성하시기 전 곧 영원부터 영원까지 주는 하나님이십니다. 이 모세가 이렇게 인생의 허무, 짧음을 보다가 하나님을 보니까 거대한 산이 눈에 들어오는 거예요. 그런데 저 산도 가만히 생각해보니까 하나님께서 채우신 거예요. 사실 모세가 이 시편을 쓸 때 어떤 심정이냐 하면 백이십 년을 산 모세인데 이렇게 이스라엘 백성들을 거느리고 이제 이집트에서 출발해서 가나안 땅을 향해서 가게 됩니다. 쭉 걸어가는데 이 광야만 있는 것이 아니라 멀리서 산들이 이렇게 계속해서 있는 거예요. 여러분 이집트에 가시면 이집트에 나올 때 보면 나무가 없어요. 거의 이렇게 막 바위하고 빨건 산들이 이렇게 쭉 있는 것이지요. 그러니 그 바위산들이 쉽게 무너져요? 무너지지 않지요. 거대한 산들이 이렇게 쭉 이렇게 있는 것을 보면서 어떤 생각이 드냐면 "그래 우리는 죽는데 저 산은 그대로 있겠지." 그런 마음이 드는 거예요.

사람이 죽는 이유

또 하나는 광야가 다 이렇게 황량한 벌판이고 거기에 모래가 많잖아요? 그런데 저 모래들도 별것도 아닌 것 같지만 "우리는 죽지만 산이 오래도록 있듯이 저 모래들도 저렇게 있겠지." 그런 마음이 이제 든 거예요. 그러니까 그런 마음이 들다가 이 산도 그렇고 모래도 그렇고 이 모든 세계를 누가 조성했는가? 하나님이 조성한 것을 깨닫게 됩니다. "아 그래. 하나님이 이 모든 것을 만드셨지." 그러고는 갑자기 어떤 마음이 드느냐 하면 "그럼 왜 죽지? 사람이?"라는 생각을 하게 된 거예요. "영원하신 하나님, 이 모든 것을 만드신 하나님이신데 왜 사람이 죽을까?" 하고 생각하니까 3절에 이렇게 딱 돌아오는 거예요.

> 주께서 사람을 티끌로 돌아가게 하시고 말씀하시기를 너희 인생들은 돌아가라 하셨사오니(시 90:3).

3절이 이렇게 툭 튀어나오는 거예요. 왜 죽을까? 그러다가 고백하는 거예요. 주께서 사람을 티끌로 돌아가게 하시고 말씀하시기를 너희 인생들은 돌아가라 하셨사오니. 여기 티끌이 뭐냐

하면 흙먼지입니다. 다시 말해서 티끌로 돌아가라는 말은 흙먼지, 흙으로 돌아가라. 그런 뜻이에요. 사람이 왜 죽느냐 하면 하나님이 명령해서 사람이 죽은 거예요. "넌 죽어. 티끌로 돌아가라." 명령하신 거예요. 그런데 누구에게 명령을 내렸느냐 하면 멀쩡한 사람에게 이런 명령을 내린 것이 아니라 죄를 지은 아담과 하와에게 "너는 흙이니 흙으로 돌아가라." 그렇게 말씀하신 것입니다.

> 네가 흙으로 돌아갈 때까지 얼굴에 땀을 흘려야 먹을 것을 먹으리니 네가 그것에서 취함을 입었음이라 너는 흙이니 흙으로 돌아갈 것이니라 하시니라(창 3:19).

여러분 아담과 하와에게 하나님께서 언제 이 말씀을 하셔요? 에덴동산에 있는 선악을 알게 하는 실과를 먹지 말라고 하나님께서 말씀하셨어요. 그런데 사탄이 이렇게 하와에게 와서 "정말 동산에 있는 모든 실과를 먹지 말라고 하더냐?" 그러면서 질문하기 시작합니다. 그러고는 대화하는 것이죠. 대화를 해요. 하와와 사탄이 대화하는 거예요. 여기 중요한 것이 있습니다. 여러분! 내가 대화할 사람이 누구인가를 잘 알아야 해요. 하와는 누구하고 대화해야 하는가 하면 하나님과 대화해야 해요. 나를 만드시고 창조하신 하나님과 대화를 해야 하고 사람은 진짜 믿을만한 사람과 이렇게 대화를 해야 되는 것이라 이 말입니다. 대다수 사람이 어느 때에 허망하고 어느 때에 속임을 당해요? 누구예요? 어떤 사람이지요? 1번 김정은, 2번 아베, 3번 가까이에 있는 사람. 가까이에 있는 사람이에요. 가까이에 있는 사람. 절대로 김정은이 여러분들에게 와서 이렇게 속삭이고 말한 적이 없어요. 맞아요? 안 맞아요? 아무도 없어요. 아베? 아베 언제 와요? 안 와요. 누가 우리에게 속삭이지요? 가까이에 있는 사람, 가까이에 있는 사람이에요. 그러니까 누구를 만나느냐? 이게 굉장히 중요한 것이지요. 누구와 대화하느냐? 이게 굉장히 중요해요. 어제도 제가 설교할 때 말씀을 드렸습니다만 하루를 시작할 때 누구와 대화하느냐? 하나님. 어떤 책을 읽느냐? 성경을 읽을 때 벌써 다른 것이죠. 내가 만나는 대상이 누구냐에 따라서 내가 달라지는 것이라 이 말입니다.

오늘 하와는 하나님과 대화해야 하는데 하나님이 아니라 마귀의 말을 들은 거예요. 제가 설교 때에 종종 말씀을 드려요. 육십이 넘은 뒤부터는 아닌 것은 아니다. 사람은 가만히 보니까 아닌 것은 아니더라고요. 긴 것은 기여요. 그러니까 아닌 것은 아예 상종을 안 해야 한다. 연을 맺어서는 안 된다. 갈 길이 바쁜데 지금 모세의 고백처럼 인생 칠십이요. 강건하면 팔십이면 제가 팔십 살까지 산다고 하면 십오 년밖에 남지 않았는데 짧잖아요. 백 살 살아봤자 얼마 남아요? 그것도 얼마 삼십오 년밖에 안 남잖아요. 짧잖아요? 짧지요. 그런데 팔십 살 산다고 하면 십오 년밖에 남지 않았는데 제가 쓸데없는 것에 신경 써서 거기다 시간을 낭비하고 괜히 허망하고 그럴 것이 없다는 것이지요. 그래서 항상 제가 어떤 것을 책임졌을 때도 마찬가지예요. 뭐라고 말하느냐 하면 이 회의를 딱 마치고 나서는 이게 우리가 잘했냐? 잘못되었냐? 죄를 지어서는 안 되지 않느냐? 하고는 우리가 어른인데 우리가 바른 것을 선택하고 결정하고 지도하고 끌어가야 하지 않느냐? 늘 그렇게 했습니다.

오늘 죄를 지은 아담과 하와에게 하나님은 말씀하셔요. "너는 흙이니 흙으로 돌아가라." 죽음은 우연이나 아니면 당연한 것이 아니에요. 하나님의 명령에서 시작된 것이에요. "너는 흙이니 흙으로 돌아갈지니라." 인간이 범죄 함으로 하나님이 내린 벌, 이게 죽음입니다.

여러분 죄 때문에 죽은 사람이 얼마나 많아요? 오늘 성경에 보면 "홍수처럼 쓸어간다." 그랬어요. 홍수처럼 쓸어간다. 홍수가 나면 방금 전에 눈에 보인 것도 홍수가 싹 나면 보이지 않는 거예요. 건물이고 뭐고 다 없어지고 마는 것이지요. 저는 홍수에 대해서 잘은 몰라도 두 가지 경험을 해서 압니다. 하나는 저희 집이 홍수가 나서 저희 집이 이렇게 구멍이 뻥 뚫리고 뭐 뒤주가 떠내려가고 항아리가 떠내려가고 제 눈앞에서 떠내려가는 것을 제가 봤기 때문에 알고요.

또 하나는 1970년대에 제가 대학 다닐 때 마침 그해 여름에 얼마나 비가 많이 오는지 홍수가 나는데 그 홍수가 이 한강이 넘치기 직전까지 이렇게 홍수가 난 거예요. 흙탕물이 막 쫙 몰려오는데, 마침 비가 잠깐 갠 사이에 사람들이 한강에 모였는데 엄청나게 모여요. 모였는데 이렇게 둥둥둥 떠내려오는데 뭐까지 떠내려오느냐 하면 돼지도 떠내려오고 황소도 떠내려오는데 그 중에 가슴에 남는 게 뭔 줄 아세요? 초가집 있지요? 초가집 지붕이 딱 그 위에 밑에는 보이지 않고 초가지붕이니까 그것은 둥둥 떠서 그것만 딱 물속에 머리를 내놓고 이렇게 떠내려가는데 모든 사람이 그것을 쳐다보면서 살아있는 돼지 그리고 소 그리고 이 집 떠내려가는 것 보면서 사람들이 아무 말도 못 하고 "어, 어, 어" 하는데 아무도 못 들어가요. 들어갈 수가 없어요. 들어가면? 그 물살 센 데 들어가면 누가 살아요? 아무도 살 수 없지요. 그것처럼 사람이 죄 때문에 죽어서 사라지는 숫자가 얼마나 많은지 홍수처럼 쓸어간다 그렇게 말합니다. 여러분 하루아침만 자고 일어나도 얼마나 많은 사람이 죽어서 다 묻히고 마느냐 이 말입니다. 이렇게 죄를 지은 인간이 죽는 것을 놓고 오늘 본문을 보면 이렇게 말해요.

> 우리의 모든 날이 주의 분노 중에 지나가며 우리의 평생이 순식간에 다하였나이다(시 90:9).

여러분 왜 주님의 분노 중에 우리가 다 지나가요? 왜 그래요? 우리가 하는 짓이 전부 다 죄 때문에 그런 거예요. 여러분 한번 보십시오. 죄 안 지어야겠다고 말하지만 똑같이 또 죄 짓는 거예요. 다른 것은 몰라도 죄에 대해서만큼은 하나님이 그냥 두지 않아요. 분노하시는 분이 죄에 대한 하나님이십니다.

노아 홍수 때도 마찬가지예요. 인류가 죄를 지은 것에 대해서 하나님이 분노하셨어요. 소돔과 고모라를 향해서도 마찬가지예요. 하나님께서 분노하십니다. 그런데 인류를 홍수로 멸하신 하나님께서 소돔과 고모라에 대해서 참으시는 것이지요. 그래서 누구 때문에 참느냐 하면 아브라함 때문에 참는 거예요. 아브라함이 하나님 앞에 기도합니다. "만약에 소돔, 고모라에 의인이 있다면 다 멸하시겠습니까? 의인 오십이 있으면 멸하시겠습니까?" "아니다. 내가 참겠다." 그래서 사십오인, 사십인, 삼십인, 이십인, 그리고 마지막에 열 명까지 내려가지 않아요? 그런데 소돔, 고모라에 의인 열 명이 없는 것이지요. 의인 열 명이 없어서 어떻게 돼요? 그날 밤에 하늘에서 불과 유황이 내려와서 쑥대밭이 되고 맙니다. 아니 흔적조차 없어지고 맙니다. 여러분 하나님이 언제 분노하시는지 아세요? 우리가 실수하고 조금 잘못하고? 아니요. 죄에 대해서 분노하십니다. 그래서 우리의 모든 날이 주의 분노 중에 지나간다.

사람이 죽는 이유는 사실은 죄 때문에 죽는 거예요. 사람이 비참한 것도 사실은 죄 때문에 비참한 거예요. 얼굴이 반듯하고, 뭐 이렇게 얼굴이 예쁘고. 아니요. 우리가 죄를 짓는 순간 모든 게 추하고 마는 것이지요. 의미가 없는 것이지요. 그러나 외모와 상관없이 죄가 없을 때 그 모습은 떳떳하고 당당한 것이지요. 그런데 주의 분노 중에 우리가 다 소멸되지만 그리고 주께서 돌아가라고 명령하셨기 때문에 오늘 이것을 거꾸로 보면 오늘 우리에게 소망이 있음을 우리에게 가르쳐 주십니다. 그것은 주께서 분노하셨기 때문에 이 분노를 거두시든지 아니면 우리 하나님께서 이것을 용서해 주시면 이것이 우리에게서 벗어날 수 있다는 소망입니다. 만약에 죽음이 당연한 것이고 필연이고 그렇다면 우리는 소망이 없어요. 죽음이 우리에게 "진짜 모든 인간은 죽어. 당연해." 그런다면 소망이 없어요. 죽음은 내게 오는 당연한 것이 아니에요. 그렇다면 막을 길이 없어요. 죽음은 당연한 것이 아니라 하나님의 저주요. 하나님의 명령인 것이지요.

그렇다면 죽음을, 명령을 하나님이 거두신다면 우리에게는 소망이 있는 것이라 이 말입니다. 누구든지 죽음이 당연한 것이고 이게 모든 인생에 오는 마땅한 것이라면 막을 길이 없는 거예요. 여기 "주의 분노 중에 인생이 돌아간다." 이 말 속에는 만약에 주께서 우리의 죄를 거두어 가신다면 우리는 주님께로 영원한 하나님께로 돌아갈 수 있는 것을 가르쳐 주십니다. 죄를 지은 인간에게 소망이 있다면 죄 없으신 하나님께 다시 찾아가는 그 길이라는 사실입니다. 우리의 죄를 회개하고 주님께 돌아가면 얼마든지 살 길이 있고 그리고 나에게 소망이 있음을 우리에게 가르쳐 주십니다. 그래서 오늘 시편 기자인 모세가 12절, 13절에 보면 아주 기가 막힌 두 가지 말을 우리에게 전해줍니다.

12 우리에게 우리 날 계수함을 가르치사 지혜로운 마음을 얻

게 하소서 13 여호와여 돌아오소서 언제까지니이까 주의 종
들을 불쌍히 여기소서(시 90:12-13).

여기 보면 두 가지를 말해요. 하나는 뭐냐 하면 "우리 날 계수함을 가르치사 지혜로운 마음을 얻게 해 달라"는 것이고 그렇게 오늘 시편 기자인 모세가 고백합니다. 또 하나는 "여호와여 돌아오소서. 언제까지니이까? 주의 종들을 불쌍히 여겨 달라"고 그렇게 고백합니다.

우리 날 계수함을 가르치사

여기 보면 "우리 남은 날, 우리의 날 계수함을 가르치사 지혜로운 마음을 얻게 해 달라"고 그렇게 고백해요. 여러분 이것은 어떤 의미예요? 내가 얼마나 살까? 내가 남은 날이 얼마나 될까? 이게 지혜라는 것이지요. 여러분도 한번 생각을 해보십시오. 여러분들이 만약에 팔십 살까지 산다. 백 살까지 산다. 장담 못 하잖아요? 그렇죠? 그러나 팔십이라고 계산해 놓고 한번 계산해 보십시오. 얼마나 되는지. 육십 되시는 분은 이십 년 남았을 것이고 칠십 되신 분은 십 년 남았을 것이고 팔십 넘어간 분들은 백

살로 계산해야 할 것 같고 그렇지요? 모르는 것이지요. 제가 이제 드리고 싶은 이야기가 뭐냐 하면 계산을 하는데 어때요? 계산은 하지만 안다는 거예요? 모른다는 거예요? 모른다는 거예요. 그러니까 여기 보면 우리의 날 계수함을 가르치사 지혜로운 마음을 얻게 해 달라는 말은 무엇과 연결되어 있느냐 하면 "아하. 내가 계산한들 이렇게 내가 살 수 있느냐?" 못 산다는 것이지요. 그러면 내가 사는 게 누구에게 있다는 거예요? 하나님께 있다는 것이지요. 그래서 13절인 것이지요. "여호와여 돌아오소서." 결국은 내가 얼마나 남을까 가만히 계산해 보니까 내가 살고 죽는 게 내게 있어요? 하나님께 있어요? 하나님께 있으니까 결국은 누구에게 돌아가야 해요? 하나님이지요. 그러니까 죄를 지은 인간은 하나님 앞에 갈 수 있어요? 없어요? 없잖아요. "하나님, 돌아와 주십시오." 고백하는 것이라 이 말입니다. 인간의 모든 사실은 소망은 하나님께 있습니다.

오죽하면 다윗도 그렇게 고백하지 않아요? 나의 모든 소망이 주께 있다고 말입니다.

> 주여 이제 내가 무엇을 바라리요 나의 소망은 주께 있나이다 (시 39:7).

그래요. 인간의 소망은 사실은 하나님께 있어요. 그렇게 든든하고 의지했던 남편, 사실 결혼해 보십시오. 남자가 든든한 것 같은데 결혼해서 딱 살면 남자가 강한 것 같아요? 여자가 더 강한 것 같아요? 여자, 주저하지 않고 여자라고 말하네요. 감기가 들어도 남자가 더 호들갑 떨어요? 여자가 더 호들갑 떨어요? 남자. 제가 살고 보니까 남자는 조금만 아프면 "응, 응 죽겠네. 죽겠네." 이불 뒤집어쓰고 그러는데요. 여자들은 아파도 끝까지 아침밥 차릴 것 다 차려주고 도시락 쌀 것 다 챙겨주고 남편 출근 시켜놓고 아무도 없는 데서 혼자 끙끙 앓고 있는 것이 여자더라고요. 여자가 강해요. 훨씬 더 강해요. 그렇게 믿었던 남편? 아니요. 약해요. 그리고 여자. 그렇게 부드럽고 천사 같은데 살고 보니까 여자들이 천사예요? 맞아요? 안 맞아요? 소망은 하나님께 있습니다. 그러면서 모세가 기가 막힌 고백을 해요.

> 우리를 괴롭게 하신 날수대로와 우리가 화를 당한 연수대로
> 우리를 기쁘게 하소서(시 90:15).

여러분 잘 보십시오. 1절, 2절을 보면 하나님 어떤 하나님이신가? 영원하신 하나님, 산도 조성하시고 모든 세계도 조성하시

고. 모세가 광야를 볼 때 수없이 많은 사람이 광야에서 다 죽어서 모래에다가 다 묻고 지나가고 묻고 지나가는데 그 고백이 뭐예요? “그래. 사람은 죽고 또 죽고 그래도 저 산은 여전히 있네.” 모래도 마찬가지예요. “연약하고 바람에 날리는 것 같은데도 불구하고 사람은 또 죽고 또 죽고 그러는데 모래도 여전히 있네.” 그러면서 왜 이렇게 인간은 빨리 죽을까? 왜 죽을까? 그러면서 발견하는 것이 무엇인가 하면 인간이 그냥 죽는 것이 아니고 우연이 아니고 당연한 것이 아니라 죄를 지은 연고로 인간이 죽는다. 그것을 발견해요. 그러고는 깨닫는 것이지요. 그래 하나님께로 돌아가는 것이 이것이 살길이다. 그렇게 고백합니다.

그런데 하나님께 돌이켜서 딱 방향을 돌리고 나서 모세가 딱 바뀌어요. 바뀌는 것이 무엇인가 하면, 아침에. 이 말은 주석을 보면 이렇게 나와 있어요. 새 시대의 출발을 가리키는 시적인 표현이다. 아침에. 인간이 이렇게 허무하고 죽고 정말 소망이 없고 있는 것 같지만 그것도 없는 것처럼 금방 사라져가고 마치 안개처럼 입김처럼 그런 존재인데 아침이라는 말은 주님을 향해서 돌이키고 딱 보니까 내 인생의 새로운 출발을 하는 그러한 그 기점, 그것을 오늘 모세가 느끼는 거예요. 아침에. 새 시대의 출발을 가리키는 그런 시적인 표현인데 아침에 아! 하고 주님을 바라보고 방향을 딱 틀고 보니까 어떤 분이 내 앞에 쓱 들어오느냐 하면 죽음에 대한 그러한 무서운 혹독한 분노하시는 그런 하나님이 아니라 주의 인자하심, 주의 인자하심과 따뜻한 사랑이 그 앞에 확 들어오게 되는 거예요. "아침에 주의 인자하심이 우리를 만족하게 하사." 인자가 뭐예요? 사랑 아니에요? 따뜻함 아닙니까?

여러분! 새로운 이렇게 시작을 알리는 딱 그 순간에 하나님의 따뜻한 그 사랑이 훅하고 느껴지게 되는 거예요. 그라서 뭐라고 그래요? 그것으로 우리를 만족하게 하사 우리를 일생동안 즐겁고 기쁘게 해달라고 그렇게 기도합니다. 여러분 여기에 만족하게 해달라는 이 만족이라는 말은 끝까지 채운다는 그런 뜻이에요. 끝까지 채운다. 그렇기 때문에 우리를 만족하게 하사 이 말은 우리를 끝까지 채워주시옵소서. 그 말이에요. 누가? 주께서. 끝까지 채워달라고. 항아리의 물을 채우는데 적당히 채우는 것이 아니라 끝까지. 아구까지 꽉 채우는, 그런 단어에서 만족이라는 뜻입니다. 그럼 만족하지 못한다는 말은 못 채운 거예요. 뭔가 비어있는 것. 이것을 다른 말로 하면 공허하다. 그런 뜻이에요. 못 채운 것, 공허하다. 그래요.

여러분 사람들이 왜 이렇게 다 갈피를 못 잡지요? 나이 먹고 돈이 있고 뭐 건강해도 갈피를 못 잡는 이유가 뭐예요? 공허해서 그래요. 공허해서. 공허하지 않은 사람은 아무도 없지요. 다 누려본 사람도 사실은 공허해요. 만족하지 않은 인생은 모두가 다 공허할 수밖에 없습니다. 그래서 사람들은 젊었을 때는 다 돈으로 채워보려고 노력하고 쾌락으로 채워보려고 노력하는데 그거 있다고 되는 것은 아니잖아요. 나이가 들수록 명예와 권력을 많이 따지잖아요. 그래서 이름 내고 이름을 내고 이름 내고 그러나 그것도 사실은 공허하고 맙니다. 인간의 공허를 채울 수 있는 것은 사실은 아무것도 없어요. 인간의 공허를 채울 수 있는 것은 사람을 창조하신, 하나님의 인자하심이 우리의 공허를 꽉 채울 수가 있는 겁니다. 하나님의 사랑이 꽉 채워지면 부러울 것이 없지요. 여러분 이 자리에 계신 분들도 경험해서 아실 거예요. 예수를 믿고 그 은혜가 넘쳐흘렀을 때 아무것도 없어도 어때요? 나는 만족하잖아요. 너무 기쁘고 인생이 너무 즐겁고 그냥 삶의 의욕이 생기고 뭔가를 해보고 싶은 그런 욕망이 확 솟구쳐 오를 때가 언제예요? 하나님의 따뜻한 사랑이 내게 꽉 채워졌을 때 아니에요? 주의 은혜가 내게 꽉 채워졌을 때. 살맛 나고, 뭔가 하고 싶은 욕망이 생기고 인생이 그렇게 뿌듯하고 재미있고 즐겁지 않아요? 맞아요? 안 맞아요? 뭘로 채워져서 그래요? 주의 인자로 하나님의 은혜로 꽉 채워졌을 때 뭔가 하고 싶은 거에요. 확 일어나고 싶은 거예요.

인자하신 하나님

여기 "인자하신 하나님"이라는 말은 조건 없는 사랑이에요. 성실한 사랑이에요. 하나님은 한번 사랑하면 끝까지 사랑하시고 변함이 없이 끝까지 그 사랑을 유지하시는 분이 누구냐 하면 우리 하나님 아버지시지요. 우리가 실수해도 사랑하고요. 우리가 잘못해도 사랑하고요. 초월한 하나님의 사랑인 것을 우리에게 가르쳐주십니다. 하나님이 한번 사랑하면 모든 공허가 사람의 마음에서 사라지고 말아요. 오늘 간증했잖아요? 내가 만약에 예수를 안 믿었다면 얼마나 억울할까? 내가 예수를 믿기 때문에 친구분이 죽어가면서도 내가 죽고 난 다음에 천국에 갈 수 있다는 사실이 너무 좋고 하나님과 함께 만날 수 있다는 사실이 너무 좋다고. 누가 그렇게 만들어요? 여러분 돈이 그렇게 만들어요? 아니요.

영국의 유명한 메리 여왕을 여러분 아실 거예요. 그런데 이 분이 죽음에 이르게 됩니다. 그런데 자기를 늘 치료했던 주치의가 자기를 이렇게 마지막으로 관리하는데 메리 여왕이 뭐라고 말했는지 아세요? "여보시오. 나를 좀 살게 해 준다면 내 재산을 다 당신에게 주겠습니다." 그런데 인간이 그렇게 할 수 있나요? 아무도 할 수 없어요. 아무도 인간의 생명을 연장시킬 수 없고 줄일 수도 없는 거예요. 그렇게 하실 수 있는 분이 누구냐 하면 하나님밖에 없습니다.

오늘 모세가 그것을 깨달아요. "아침에 주의 인자하심이." 여러분 인생의 터닝 포인트는 누구에게서부터 시작되느냐 하면 하나님에서부터 시작되는 거예요. 하나님을 만나는 인생은 결코 부족함이 없어요. 하나님을 만나는 인생은 내 공허를 꽉 채워서 만족하게 합니다. "우리 일생을 기쁘고 즐겁게 해달라"고 오늘 모세가 그렇게 고백합니다.

우리는 요한복음 4장에 보면 수가성의 사마리아 여인을 기억하실 것입니다. 예수님께서 미리 가서 기다리고 계시지요? 낮 열두 시에 그런데 한 여인이 물동이를 지고는 비적비적 하고는 이제 사람들의 눈치를 보면서 물 길으러 옵니다. 예수님은 먼저 거기서 기다리고 계시다가 여인에게 말하지요. "나에게 물 좀 달라." 이 여인이 퉁명스럽게 말합니다. "유대인 남자가 어떻게 사마리아인 여자에게 물 좀 달라고 할 수 있습니까?" 그러니까 "네가 내가 누구인 줄 알았다면 물을 나에게 줬을 것이고 그리고 네가 나에게 주는 물은 마셔도 다시 목마르지만 내가 너에게 주는 물은 다시는 목마르지 않는다." 그러니까 이 여인이 놀라 자빠져요. "그 생수를 나에게 달라." 그러니까 예수님이 이렇게 거꾸로 질문해요. "네 남편을 데려와라." 그러니까 이 여인이 뭐라고 하느냐 하면 "나에게 남편이 다섯이 있지만 지금 남자도 내 남편이 아닙니다." 여러분 거기까지만 들어도 이 여인이 얼마나 기구한 여인인지 알 수 있지요. 공허하지요. 그런데 이 여인에게 큰 변화가 일어나는 것을 우리가 너무 잘 알지요. 주님이 만나주시고 주님이 그 공허를 채워주는 순간 이 여인은 모든 것이 꽉 채워져서 부끄러움도 없고 인생이 너무 살맛 나고 너무 좋아서 물동이를 버리고 벌떡 일어나요. 그리고 동네에 가서 뭐라고 말하는 줄 아세요? "내게 행한 모든 일을 내게 말한 사람을 와서 보라. 그리스도가 아니냐! 구원자, 메시아가 아니냐!"

28 여자가 물동이를 버려 두고 동네로 들어가서 사람들에게
이르되 29 내가 행한 모든 일을 내게 말한 사람을 와서 보라
이는 그리스도가 아니냐 하니(요 4:28-29).

여러분 누가 이 여인으로 하여금 동네방네 들어가서 사람들

에게 고함을 지르고 "내가 만난 나에게 행한 이 사람을 보라. 이 사람이 그리스도가 아니냐"라고, "구원자가 아니냐"라고 "이분이 진짜 하나님"이라고 누가 이렇게 만들어요? 하나님의 인자하심이. 하나님의 인자하심이. 주님의 따뜻한 사랑이 이렇게 변화시킵니다. 어느 누구도 마찬가지예요. 인간의 사랑은 한계가 있지만 하나님의 사랑은 영원해요. 영원해요.

여리고에 삭개오라는 사람이 있습니다. 세리장이에요. 사람들이 수군대요. 다 저 사람 죄인이라고 그리고 죄인의 집이라고 다 수군대요. 그런데 예수님께서 이 삭개오를 만나주십니다. 삭개오가 올라간 나무 위에 이렇게 우러러 보면서 "삭개오야 내려오라. 내가 오늘 네 집에 유하여야 하겠다." 삭개오가요. 얼마나 빨리 내려오는지 쏜살같이 빨리 내려옵니다. 그러고는 삭개오의 집에 갑니다. 사람들이 뒤에서 수근거려요. 죄인의 집에 거한다고. 삭개오가 주님 모신 그 순간 완벽하게 바뀌고 맙니다. 그가 뭐라고 고백한 줄 아세요? "주여 보시옵소서." 이 말은 무슨 말이에요? 진짜 자신을 있는 그대로 적나라하게 다 드러내는 것입니다. "내 소유의 절반을 가난한 자에게 나눠주겠고 만약에 내가 누구의 것을 속여 빼앗은 일이 있으면 사 배나 갚겠습니다." 무슨 말이에요? 그렇게 애지중지해서 모였던 재산, 그 어떤 것보다도 소중하게 여겼던 자기의 이 재물, 어쩌면 자기의 이름도 팔고, 가문도 팔고, 명예도 팔고, 돈 모으는데 돈, 돈, 돈 했던 이 삭개오. 그런데 주님을 만나서 주님의 사랑으로 듬뿍 꽉 채워지는 그 순간 돈이 의미가 없는 것을 깨닫습니다. 그리고 다 어떻게 해요? 청산하는데 "내가 잘못했던 것을 회개합니다. 절반을 가난한 자에게 나눠주겠고 그리고 내가 속여 빼앗은 일이 있으면 사배나 갚겠나이다." 누가 이렇게 고백할 수 있습니까? 주님의 사랑과 주님의 인자하심을 맛본 사람, 주님으로 가득히 채워진 심령만이 이런 고백을 할 수가 있는 것입니다.

오늘 이 자리에 참여한 성도 여러분, 그리고 함께 초대받은 여러분. 하나님의 사랑과 인자하심으로 가득히 채워지는 시간이 되기를 바랍니다. 우리 주님은 어떤 분인 줄 아세요? 이런 죄인을 위해서 낮고 천한 이 땅에 오셔서 인간으로 태어나셔서 그리고 우리를 대신하기 위해서 죄 없으신 주님께서 십자가에 못 박혀 죽으시고 우리 모든 죄를 용서해 주시고 예수 믿기만 하면 영생을 얻고 영원한 하나님의 나라에 사는 놀라운 복을 주신 분이 우리 주님 예수 그리스도이십니다.

주의 영광을 그들의 자손들에게 나타내소서

오늘 모세가 마지막에 이렇게 고백해요. 그게 뭔 줄 아세요? 살맛이 나고 그래서 그 인자한 사랑을 경험한 모세가 이렇게 고백해요. "나만이 아니라 내 후손들도 이 사랑을 알게 해 달라"고 그리고 "내가 행한 모든 것이 견고하게 해 달라"고 "나만이 아니라 내 후손들도 그렇게 해 달라"고 합니다.

> 16 주께서 행하신 일을 주의 종들에게 나타내시며 주의 영광을 그들의 자손에게 나타내소서 17 주 우리 하나님의 은총을 우리에게 내리게 하사 우리의 손이 행한 일을 우리에게 견고하게 하소서 우리의 손이 행한 일을 견고하게 하소서(시 90:16-17).

무슨 말이에요? "하나님, 나만이 아니라 내 후손도 이 하나님의 은혜를 알게 해 주시고 하나님의 따뜻한 사랑과 인자하심으로 가득히 채워져서 나만이 가진 이 공허가 주님으로 인하여 공허함이 채워진 것처럼 우리의 후손들도 채워지고 이제는 우리의 손이 행한 일이 우리 후손들에게 길이길이 남아서 예수 그리스도 안에서 행복하게 사는 후회하지 않는 너무 소중한 인생들로 살게 해 달라고 주님 때문에 값진 인생이 되게 해 달라"고 오늘 시편 기자인 모세가 마지막으로 그렇게 고백하면서 마무리하게 됩니다.

사랑하는 성도 여러분, 주님은 우리 모든 인생이 기쁘고 즐겁게 살기를 원합니다. 짧은 인생이지만 고귀한 인생이 바로 우리라고 말씀해 주십니다. 주님께서 그 몸, 십자가에 못 박혀 죽으시면서 우리를 고귀한 존재로 삼아주셨고 우리의 이 땅에 남은 날들을 그렇게 살기를 원하시는 분이 우리 주님 예수 그리스도이십니다. 그 주님을 여러분의 구주로 모시기를 바랍니다. 그 주님을 다시 한번 붙잡고 더 믿음으로 굳게 서서 살아가는 우리 모든 성도들이 되기를 바랍니다. 기도하겠습니다.

• • • • •

하나님, 고맙습니다. 이 시간에도 주님을 나의 구주로 모시고 나의 주님으로 모시는 심령들이 있습니다. 주님, 저들을 받아주시고 주의 따뜻한 사랑과 인자하심으로 채워주시옵소서. 이 아침에 결단한 이유로 이제는 그야말로 아름답고 고귀한, 그리고 우리의 후손들까지도 이 행복한 삶이 이루어지는 예수로 살아가는 생애가 되게 하여 주옵소서. 예수님의 이름으로 기도하옵나이다. 아멘.

6.

가장 소중한 것

• • • • •

시편 119:54-56

오늘 설교 제목은 "가장 소중한 것"입니다. 여러분, 가장 소중한 것이 무엇이라고 생각합니까? 어머니들의 모임이었습니다. 부유한 어머니들이 어느 날 그 날짜가 되어서 한 집에 모이게 되었습니다. 맛있는 음식을 해 먹고 함께 대화를 나누는 중에 이야기하다 보니까 자랑의 꽃을 피우게 되었습니다. 어떤 여인이 이렇게 말합니다. "우리 집은 대대로 내려오는 부동산이 많아서 너무 좋다. 거기서 나오는 수익이 얼마나 큰지 먹고 사는 데 넉넉할 뿐만 아니라 아무런 어려움 없이 이렇게 기름지게 살 수가 있다." 그러니까 거기에 질세라 다른 여인이 이렇게 말합니다. "우리 집에는 내려오는 금은보화가 너무 많아서 그것만 쳐다봐도 배부른 것 같다." 그러니까 또 다른 여인이 말합니다. "우리 집에는 그야말로 다른 집에 없는 진귀한 오래된 진품들이 정말 많습니다." 이런저런 이야기를 하면서 서로 자랑을 하는데 집주인 된 여인이 아무 말도 하지 않고 가만히 있는 거예요. 그러니까 여인들이 가만히 있다가 이렇게 쳐다보더니 "당신 집에는 그렇게 자랑스러운 것이 없습니까?" 그럴 때 이 여인이 "나도 있습니다." "그러면 한번 이야기해 보십시오." 그러니까 "잠깐만 기다리라"고. 그러고는 방에서 벌떡 일어나서 나가더니 다른 방에 있던 두 아들을 데리고 들어오면서 "이게 우리 집에 가장 큰 보배입니다."

여러분, 우리가 살다 보면 진짜 중요한 가치, 그리고 진짜 중요한 주체를 모를 때가 많이 있습니다. 지엽적인 것 외형적인 것에 많이 치우칠 때가 있습니다. 오래된 이야기입니다. 조선 시대쯤 되지 않았나 싶습니다. 한여름에 선비 세 사람이 모시옷을 입고는 급하게 어디를 가고 있었습니다. 그런데 그날따라 하늘에서는 먹장구름이 가득히 끼어있고 언제든지 소낙비가 쏟아질 것 같은 우중충한 날이었습니다. 그런데 선비들이 가야 할 장소는 배를 타고 강을 건너서 건너편에 가야 했습니다. 그런데 그날

따라 일기가 좋지 않고 불순해서 젊은 뱃사공들이 모두가 다 배를 대 놓고 집에 돌아갔습니다. 그중에 한 분, 연세가 많고 연륜이 많은 노인 뱃사공이 이렇게 둘러보고는 마지막으로 배를 정박하고 들어가려 하는 참이었습니다. 그때 선비 세 사람이 고함을 지르는 거예요. "여보시오. 뱃사공. 잠깐만 기다리시오. 우리가 급하게 이 강을 건너야 할 그런 사연이 있는데 돈은 얼마든지 줄 테니까 제발 우리를 저쪽으로 좀 건너게 해 주시오." 그때 노인 뱃사공이 애타는 그런 상황을 떨치지 못하고 하늘을 쳐다보고 상황을 보면서 조심스럽게 배를 띄웁니다. 그리고 선비 세 분을 태우고 노를 저어서 건너편으로 가기 시작했습니다. 조금 가자 그만 세 사람 중에 한 선비가 일어나서 자기 자랑을 하는 거예요. 이 세상을 살면서 돈만큼 좋은 게 없다고. 자기 집안에 돈 많은 것을 자랑하기 시작하는 거예요. "내 자녀들도 돈이 얼마나 많은지. 돈이 많으니까 옆에 사람들이 늘 있다." 돈 많은 것을 자랑하면서 마지막으로 뱃사공에게 물어봅니다. "여보시오. 영감. 지금까지 살아오면서 모아 둔 재산이 얼마나 돼요?" 그렇게 물어보니까 뱃사공이 한 번도 생각을 안 해봤다가 선비가 그렇게 물어보니까 가만히 생각을 해보니까 자기 자신은 하루 벌어서 하루 먹는 거예요. 그러니까 모아 둔 재산이 얼마 없는 거예요. 노인 뱃사공이 말합니다. "하루 벌어서 하루 사는 삶이기 때문에 돈을 모은 것이 없고 이렇게 살아갑니다." 그때 선비가 뭐라고 말하냐면 "이 나이에 돈이 없단 말이오. 당신 인생 헛살았소." 하며 혀를 끌끌 차며 자리에 앉습니다. 조금 지나자 두 번째 선비가 쓱 일어나더니 사람이 살면서 그래도 "힘은 아는 게 힘"이라고 "내 자식들은 사서도 공부하고 오경도 공부하고 논어 대학 중용 맹자 역경 서경 시경 예기 춘추 등 쭉 열거하면서 이렇게 공부하고 실력을 갖추고 있기 때문에 사람들이 인산인해인데 얼마나 많은 사람이 우리 자식들과 벗하려고 하는지 역시 아는 게 힘이라"고. "동네에서도 뭘 좀 모르면 배우려고 찾아오고 좀 어려운 일이 있으면 내 자식들에게 알려고 배우려고 오는 사람들이 많다"고. 그러면서 뱃사공에게 다시 묻습니다. "당신 자녀 중에는 공부한 사람이 얼마나 됩니까?" 뱃사공이 아무리 생각해도 자녀 중에 공부를 가르친 자녀가 없어요. 그렇기 때문에 뱃사공이 기분이 조금 언짢은데 이렇게 말합니다. "저는 형편이 여의치 못해서 자녀들을 잘 기르지 못하고 공부를 가르친 게 별로 없습니다." 그러니까 두 번째 선비가 해서는 안 될 말을 또 하는 거예요. "이 나이 먹도록 자식 공부도 안 시키고 뭐 했소? 인생을 헛살았구려." 하면서 혀를 또 끌끌 차는 겁니다. 여러분, 여기서 끝났으면 참 좋겠는데 셋째 선비가 질세라 쓱 일어서면서 뭐라고 말하냐면 "사람이 살면서 그래도 뭐니 뭐니 해도 권력이 참 좋다"라고. "내 아들은 지방의 군수요, 판서요, 그리고 국가의 요직에 있는데 사람들이 이 권력 앞에서는 맥을 못 춘다"라고. 그러면서 자식들을 자랑하고 벼슬에 있는 집안 식구들을 자랑하는 겁니다. 그러고는 뱃사공에게 또다시 이렇게 물어봐요. "영감. 당신 자녀들과 가족 중에는 권력을 가진 사람이 있습니까?" 그렇지 않아도 가뜩이 기분이 언짢은데 이 뱃사공이 한마디 합니다. "우리 집안에는 아무것도 없습니다." 그러고는 배를 탁! 하고 젓는데 그때 하늘에서 번개가 치고 바람이 휘몰아치면서 소낙비가 쏟아지는데 그만 배가 기우뚱하더니 엎어지고 만 겁니다. 노인 뱃사공은 수영해서 뭍으로 나오고 있는데 선비 세 사람이 허우적거리면서 "제발 우리 좀 살려 달라"고 간절히 부탁하는 겁니다. "영감, 우리 좀 살려주시오. 우리 좀 살려주시오." 그때 뱃사공이 한마디 합니다. "선비님들, 이 나이에도 수영을 못했습니까? 인생을 헛살았구려." 그러면서 혀를 끌끌 차면서 나간 겁니다.

내가 나그네 된 집에서

여러분, 무엇이 소중합니까? 정말 소중한 게 무엇이라고 생각합니까? 오늘 시편 기자는 인생을 나그네라고 말합니다. "내가 나그네 된 집에서 주의 율례들이 나의 노래가 되었나이다." 여러분, 사람들이 살면서 천년만년 살 것처럼 생각할 때가 참 많아요. 젊었을 때는 인생이 구만리 그야말로 창창하게 끝이 없을 것처럼 생각할 때가 참 많이 있습니다. 그런데 오늘 저녁에도 간증했지만, 30대에 이렇게 고속도로에서 큰 사고가 날 줄은 누가 알았겠습니까? 우리는 아무도 내일 일을 알 수가 없는 거예요. 다윗은 말하기를 생과 사가 그야말로 나에게는 가까이 있다고 말합니다. 나그네는 집을 떠난 사람을 말합니다. 그리고 다시 돌아올 사람을 나그네라고 말합니다.

성경을 보면 돌아보아야 할 사람 서러움이 많은 사람 그 사람들이 셋이 있는데, 누구냐면 고아와 과부와 나그네라 말합니다. 나그네는 어디든지 정처 없이 떠나야 하고 그 자리에 둥지를 틀 수 없는 게 나그네입니다. 인생은 나그네예요. 어떤 목사님은 "인생은 나그네"라고 말하면서 "이 땅은 여관이다." 그렇게 말합니다. 여관은 잠시 잠깐 잠자고 있다가 떠나는 게 여관이에요. 하룻밤 자고 떠나고 하룻밤 자고 떠나는 게 여관이에요. 그러듯이 "인생은 나그네다." 그리고 "이 땅은 여관이다." 그렇게 말합니다.

오늘 시편 기자가 이렇게 말합니다. "내가 나그네 된 집에서." 여러분 나그네의 삶이 고달프다는 건 다 알아요. 제가 찾아보니까 나그네 노래도 있더라고요. 그래서 한번 제가 알지 못하잖아요. 그래서 열심히 받아서 적었습니다. 나그네 설움이라는 노래가 있는데 이렇게 되어 있습니다.

오늘도 걷는다마는 정처 없는 이 발길
지나온 자욱마다 눈물 고였다
선창가 고동소리 옛 님이 그리워도
나그네 흐를 길은 한이 없어라

타관땅 밟아서 돈지 십년 넘어 반평생
사나이 가슴속엔 한이 서린다
황혼이 찾아들면 고향도 그리워져
눈물로 꿈을 불러 찾아도 보네

참 듣기만 해도 읽기만 해도 나그네의 설움이 얼마나 큰가를 알 수가 있습니다. 같이 사는 민족인데도 불구하고 이 동네에서 저 동네로 지나가려고 해도 낯설어요. 이 지방에서 저 지방으로 지나가려고 해도 낯설어요. 이게 참 그러고 보면 나그네의 이 고달픔이라는 것은 말할 수가 없는 것입니다. 그런데 오늘 시편 기자가 말하기를 자기 집에 대해서 "내 나그네 된 집이라"고 말합니다. 내 나그네 된 집이라.

사실은 이 본문은 제가 우리 교회 등록하는 성도들을 심방할 때 자주 설교하는 내용 중 하나입니다. 그런데 언제 이 본문을 가지고 설교하는데 설교학 박사가 "야, 그 설교를 제대로 잘 해서 언제 한번 했으면 좋겠다." 그런 이야기를 들어서 "아, 그렇다면 내가 우리 교회에서 먼저 한 번 해야지" 하고는 대각성전도 집회 마지막 이 시간에 이 본문을 선택하게 된 것입니다.

여러분, 어느 누가 살면서 자기 집에 대해서 나그네 된 집이라고 말하는 사람이 있겠어요? 그런데 시편 기자는 자기가 나그네이고 떠날 것을 알아요. 내가 누구인가를 바로 아는 사람치고 헛된 인생사는 사람은 아무도 없습니다. 내가 누구인가를 바로 아는 사람치고 그저 시간을 낭비하는 사람은 아무도 없어요. 무엇이 중요한지 무엇이 소중한지 어떻게 살아야 하는지를 정확하게 아는 사람은 자기의 정체성을 바로 아는 사람입니다. 나이가 들어서 바로 사는 것은 결코 아니에요. 나이가 어려도 내가 누구인지를 바로 아는, 자기 정체성에 대해서 분명하면 그 사람은, 그 어린아이라도 올곧게 살게 되어 있고 인생을 허투루 살지를 않습니다.

주의 율례들이 나의 노래가 되었나이다

오늘 시편 기자가 자기 집을 나그네 된 집이라 그렇게 말해요. 여러분 아파트에 들어갔을 때 이렇게 말하는 사람은 아무도 없을 거예요. "아, 우리 집 나그네 아파트야." 그렇게 말하는 사람은 아무도 없을 거예요. 모두가 다 들어갈 때 "아 참, 내 집 너무 좋다. 우리 아파트 너무 좋다." 그러고는 이렇게 생각하지요. "천년만년 살 것처럼." 여자들은 새 아파트 들어가면 어떻게 해요? 리모델링한 너무 깨끗한 좋은 집 들어가서 쓸고 닦고 쓸고 닦고 하면서 자랑스러운 마음이 있잖아요. 뿌듯하고. 그래서 누구 만나기만 하면 "우리 아파트 새로 들어갔는데." 그러면서 어쨌든 입이 근질근질하잖아요. 말하고 싶은 마음이. 그런데 그 집을 놓고 "우리 집 나그네 된 집이야." 그렇게 말하는 사람이 있어요? 아무도 없지요. 아무도 그렇게 말하는 사람은 없습니다. 그런데 오늘 시편 기자는 이렇게 말합니다. "나의 나그네 된 집이라." 그러면서 "주의 율례들이 나의 노래가 되었나이다." 그렇게 말합니다.

여러분, 사람들이 아파트에 입주하면 얼마나 꾸미고 싶은 것이 많겠어요. 이사만 가려고 해도 리모델링하기 위해서 이집 저집 돌아다니면서 얼마나 많은 사람 것을 비교해서 자기 집은 특별하게 하려고 돈을 얼마든지 들여도, 나중에 또 이사 가면 아무것도 아닌데, 그렇게 해서라도 그렇게 만들려고 하는 게 사람들 아니에요? 그런데 오늘 시편 기자는 "내 나그네 된 집에서" 무어라고 말하냐면 "주의 율례들이 나의 노래가 되었다." 율례라는 말은 하나님의 말씀을 뜻합니다. 하나님의 말씀이 나의 노래가 되었다.

여러분, 노래라는 게 참 이상해요. 어떤 노래는, 들으면 가슴이 뭉클하게 되고 어떤 노래를 들으면 가슴을 슬프게 만들기도 합니다. 그런데 제가 노래를 살펴보면서, 저는 워낙 노래를 좋아해요. 잘 부르지는 못하지만. 그런데 세상 노래를 가만히 살펴보니까 전부 다 슬퍼요. 이게 좋은 노래인 거 같고 가사도 다 좋은 거 같은데 슬퍼요. 한번 들어볼래요? 여기 보면 "부모"라는 노래가 있어요. 가을이니까 가사를 한번 읽어 드릴게요. 노래를 모르니까. 노래를 불렀으면 "하숙생"은 알아요. 그런데 "부모"라는 노래인데, 이런 내용입니다.

낙엽이 우수수 떨어질 때,
겨울의 기나긴 밤,
어머님하고 둘이 앉아
옛이야기 들어라.
나는 어쩌다 생겨나와
이 이야기 듣는가?
묻지도 말아라 내일날에
내가 부모 되어서 알아보랴?

여러분, 어떻습니까? 가사만 들어도 좀 이상하지 않아요? 서글프지 않아요? 별로 그렇게 감동이 안 와요? 그러면 하나 더 하지요. 홍민이라는 사람이 노래를 불렀는데 "검은 장갑"이지요.

헤어지기 섭섭하여
망설이는 나에게
굿바이 하며 내미는 손
검은 장갑 낀 손

할 말은 많아도
아무말 못 하고
돌아서는 내 모양을
저 달은 웃으리

얼마나 서글픕니까. 얼마나 서글퍼요. 그리고 사랑 노래도 서글퍼요. "호반의 벤치"도 찾아봤죠.

내님은 누구일까 어디 계실까
무엇을 하는 님일까 만나보고 싶네
신문을 보실까 그림을 그리실까
호반의 벤치로 가봐야겠네

여러분, 가만히 세상 노래를 들어보면 다 서글퍼요. 다 서글픕니다. 최희준 씨가 돌아가셨지요. 제가 이분 노래를 좀 좋아해요. 그래서 다른 것은 몰라도 이분 노래만큼은 제가 늘 부르고 또 제가 총회에서도 여전도회에 가서도 그렇고 장로연합회에 가서도 그렇고 꼭 부르는 게 이 "하숙생"을 불렀습니다. 그러니 우리 교회 앞에서는 안 부를 수가 없지요. 그런데 이것도 역시 서글프다 이 말입니다.

인생은 나그네길
어디서 왔다가 어디로 가는가
구름이 흘러가듯 떠돌다 가는 길에
정일랑 두지말자 미련일랑 두지 말자
인생은 나그네 길
구름이 흘러가듯 정처없이 흘러서 간다
인생은 벌거숭이
빈손으로 왔다가 빈손으로 가는가
강물이 흘러가듯 여울져 가는 길에
정일랑 두지말자 미련일랑 두지말자

여러분 이게 세상 노래예요. 그러나 예수 믿는 사람들은 달라요. 하루를 살더라도 우리는 함께 살 사람이고 천국 갈 사람이기 때문에 벌써 대하는 게 다르고 마음 열고 속 이야기도 하고 따뜻하게 대하고 이게 달라요. 그리고 세상 노래는 슬프지만 하나님을 찬송하는 찬송은 우리 영혼을 맑게 하는 거예요. 벌써 딱 부르면 세상 노래는 다 어디예요? "내 님은 누구인가." 거기에

다 맞추잖아요. 그렇지요? "네가 어떻게 태어났는지 묻지도 말라." 그러니까 온통 거기지만 찬송은 하늘을 향하게 만들어요.

저 높은 곳을 향하여 날마다 나아갑니다
내 뜻과 내 정성 모아서 날마다 기도합니다
내 주여 내 맘 붙드사 그곳에 있게 하소서
그곳은 빛과 사랑이 언제나 넘치옵니다

어떻습니까? 정신을 바짝 들게 하고, "맞았어." 하나님 나라를 바라보게 하고 2절도 봐요.

괴롬과 죄가 있는 곳 나 비록 여기 살아도
빛나고 높은 저곳을 날마다 바라봅니다

그런가 하면 3절은

의심의 안개 걷히고 근심의 구름 없는 곳
기쁘고 참된 평화가 거기만 있사옵니다

찬송은 우리의 생각과 시각을 확 바꿔서 하나님께로 향하게 만듭니다. 여러분 이 땅의 삶이 얼마나 힘듭니까? 나그네 삶이 얼마나 힘들어요? 고달프지 않아요? 아침밥 먹고 돌아서면 점심밥 만드는 게 여자의 삶 아닙니까? 그리고 점심밥 먹고 돌아서면 또 저녁밥 뭐 먹을까 고민하는 게 여자의 삶 아닌가요? 남자도 마찬가지죠. 하룻밤 자고 나면 또 하루를 어떻게 살까? 직장에 나가서 그 경쟁 가운데 "어떻게 살까." 얼마나 고달픕니까? "하루하루 사는 것이 이것으로 끝나는가." 너무 억울하지 않나요? 그런데 찬송은 이 땅이 비록 고달픈 나그네 삶이지만 그것과 무관하게 우리로 하여금 일어서게 만듭니다. 찬송가 438장을 보면 "내 영혼이 은총 입어" 그렇게 나오는데 가사가 너무 좋아요.

내 영혼이 은총 입어 중한 죄짐 벗고 보니
슬픔 많은 이 세상도 천국으로 화하도다

할렐루야! 이게 찬송이에요. 오늘 시편 기자가 이렇게 말합니다. "내가 나그네 된 집에서 주의 율례들이 나의 노래가 되었나이다."

내 영혼이 은총 입어 중한 죄짐 벗고 보니
슬픔 많은 이 세상도 천국으로 화하도다
할렐루야 찬양하세 내 모든 죄 사함 받고
주 예수와 동행하니 그 어디나 하늘나라

어떻습니까? "슬픔 많은 이 세상도 천국으로 화하도다", "주 예수와 동행하니 그 어디나 하늘나라." 오늘 시편 기자가 이렇게 고백해요. "내가 나그네 된 집에서 주의 율례들이 나의 노래가 되었나이다." 여기에 비춰서 저는 자랑하고 싶은 게 한 가지 있어요. 아침에 새벽기도 마치고 와서 잠깐의 단잠을 잘 때 딸그락 딸그락 하면서 흥얼거리면서 찬송 소리가 꼭 들려요. 누가 찬송을 부르냐면 제 집사람입니다. 노래도 잘 불러요. 목소리도 좋고요. 그런데 그게 늘 저에게 무엇을 깨닫게 하냐면 "목사보다 낫다. 목사보다 낫다." 하루를 시작하면서 찬송을 부를 때에 목사의 마음에도 이렇게 스며드는 게 뭐냐면 "맞아. 참 하나님의 은혜지. 하나님의 은혜지." 여러분, 집집마다 사실은 사연 없는 집안은 아무도 없잖아요. 기도 제목이 없는 집안도 아무도 없잖아요. 다 있잖아요.

오늘 나그네의 설움 중에는 만나는 일들이 참 많지요. 그런데 오늘 시편 기자는 고백합니다. “내 나그네 된 집.” 이 말은 “나는 나그네다. 언젠가는 이 세상을 떠날 사람이다.” 여러분 “우리 모두는 언젠가는 이 세상을 떠날 사람이다.” 저도 그렇고 여러분도 그렇고. 저는 목회 하면서 정말 잠을 두 시간 세 시간 밖에 안 자면서 산 날들이 몇 년이 되어서 그것이 치명적이 되어서 쓰러지고 또 쓰러지고 해서 저는 60을 못 넘길 줄 알았어요. 그리고 폐결핵도 걸리고 갑상선도 잘라내고 별것을 다 하는데 남들이 한 것은 다 한 거 같아요. 지나가면서 그런 것들을 겪을 때마다 어떤 마음이 들겠냐 이 말입니다.

여러분, 모진 삶이라는 것은 모든 사람이 다 겪는 거예요. 그런데 시편 기자가 자기가 누구인가를 아는 거예요. 내가 누구인가를 알아요. “나는 나그네다. 나는 여기서 잠깐 살다가 떠나는 사람이다.” 그러니까 노래를 불러도, 집에 들어와서도 무엇이 중요한가를 깨닫습니다. 하나님을 찬송하는 것. 하나님의 말씀이 노래가 되어서 그의 삶, 집에 들어와서 가득히 채워지는데, 하나님의 말씀이 노래가 되는 거예요. 노래가 꽉 차 있는 거예요. 여러분, 그때 그 심령이 얼마나 좋겠습니까?

내가 밤에 주의 이름을 기억하고

그것만이 아니에요. 오늘 시편 기자가 이렇게 고백합니다. “여호와여 내가 밤에 주의 이름을 기억하고 주의 법을 지켰나이다.” 나그네가 나그네 된 집에서 밤을, 여러분 한번 생각해보십시오. 인생의 밤을, 누구든지 그 밤을 다 지나가게 되어 있습니다. 지금 이 자리에 앉아 계신 분 중에도 몹시 아파서 힘든 분도 계실 겁니다. 저도 사실은 폐결핵에 걸렸을 때 누구에게도 말 못하고 끙끙대고 그야말로 진땀은 송글송글 나고 말 한마디 하려면 가슴이 저리고 힘든 그 기간을 지나가게 될 때 참 힘이 들더라고요. 이 병이라는 게. 감기만 들어와도 사람을 꼼짝 못하게 만들잖아요.

여러분, 인생을 살아갈 때 고달픈 밤이 있어요. 밤. 밤이 있어요. 또 때로는 극단적인 생각을 하게도 만드는 거예요. “차라리 이렇게 사느니 죽는 게 낫다.” 오늘 장동길 집사님 간증할 때 그랬잖아요. “오늘 저녁에 자고 내일 아침에 내가 주님이 오셨으면 참 좋겠다. 빨리. 너무 고통이 심하니까 예수님 재림하셨으면 참 좋겠다.” 그런 생각을 할 수밖에 없는 그 고통. 누구든지 다 있단 말이지요. 그런데 오늘 시편 기자가 이렇게 고백합니다. “여호와여 내가 밤에 주의 이름을 기억하고 주의 법을 지켰나이다." 여러분, 힘들고 어려울 때는 일 저지르기가 딱 쉬운 것입니다. 인생을 막장으로 몰아넣기가 딱 좋은 거예요. 그런데 오늘 시편 기자가 이렇게 고백합니다. "여호와여 내가 밤에 주의 이름을 기억하고." 주님의 이름이 뭐예요? 주님의 이름은 하나님입니다. 하나님이에요. 정말 고달픈 그 시간. 너무 힘든 그 시간. 누구의 이름을 기억하냐면 하나님을 기억하는 거예요. 그래서 밤중에 부릅니다. "하나님. 하나님. 예수님." 부릅니다. 주의 이름을 부르는 거예요. 주의 이름을 부르는 거예요.

저는 역사의 인물 중에 나폴레옹이 어떻게 살았는지 알아요. 그가 유배되어서 죽을 때에 누구의 이름을 부르고 죽었는지 아세요? 그가 사랑하는 여인이지요. 조세핀. 조세핀을 부르고 죽은 거예요. 남자들은 군대 가서 유격 훈련을 받을 때 애인 있냐고 그러면 거의 남자들은 애인이 없다고 그래요. 그러면은 "어머니의 이름을 불러봐라." "어머니" 하고 불러보라고 그래요. 그러면 유격할 때 이 남자들이 모든 장정들이 어머니 부를 때에 "어머니" 부르는 그 부름 속에 다 울어요. 다 울어요. 그런데 오늘 시편 기자는 하나님의 이름을 부른 거예요. "하나님.'

여러분, 놀라운 사실은 뭔지 아세요? 하나님의 이름에 능력이 있어요. 하나님의 이름에 능력이 있어요. 우리가 비록 연약하고 아무것도 모르지만 아버지 하나님을 부를 때에 하나님은 우리에게 득달같이 달려와 주시고 우리를 붙들어 주시는 분이 아버지 하나님이십니다. 오늘 시편 기자는 "내가 밤에 주의 이름을 기억하고" 그리고 이렇게 말합니다. "주의 법을 지켰나이다." 다른 사람들이 나쁜 짓 하고 내게 이익이 되지 않고 억울한 일이 될 때 똑같이 그 길을 걸어가고 싶은데 아니요. 하나님의 이름을 부르고는 정로를 걸어간 사람이 누구냐면 시편 기자입니다.

사람이 살면서 어떤 때는 죄를 지을 때 꿀맛같이 달 때가 있어요. 그런데 뒤돌아보고 철이 들어 가만히 생각해 보면 내가 왜 그때 그런 짓을 했는지 후회하는 게 모든 사람의 똑같은 고백입니다. 어떤 결정을 내릴 때 그때 슬쩍슬쩍 넘어간 그것 때문에 가슴 아파하는 사람이 얼마나 많이 있는지 모릅니다. 그런데 오늘 시편 기자는 이렇게 고백합니다. "내가 여호와의 이름을 기억하고 주의 법도를 지켰다"라고 고백합니다. 여러분, 인생의 승리자가 누구입니까? 인생의 승리자가 누구예요? 업적을 많이 남긴 사람입니까? 아니면 기가 막힌 자기 이름을 남긴 사람입니까. 돈을 많이 번 사람입니까? 아니면 많은 자선 사업을 한 사람입니까? 여러분, 그런 사람도 있지만 진짜 인생의 승리자는 하나님 앞에 섰을 때 "너 인생 성공했어." 주님으로부터 그런 응답을 받는 사람이 인생의 성공자입니다. 그러나 아무리 많은 것을 했다 할지라도 하나님 앞에 선 그때 "너 인생 성공했어." 그렇게 말하지 않고 "너 인생 실패했어." 그러면 끝나는 거예요. 왜 그런 줄 아세요? 하나님만이 온 우주를 창조하신 주인 되시고 아버지 되시고 왕이시기 때문입니다. 모든 인생은 모두가 다 하나님 앞에 설 수밖에 없습니다. 믿는 자도 하나님 앞에 설 수밖에 없고 믿지 않는 사람도 하나님 앞에 설 수밖에 없습니다. 주님 오시는 재림하시는 그때에는 양과 염소가 갈라지듯이 하나님은 모든 사람을 판명하고 성공과 실패를 하나님께서 결정짓게 되는 겁니다. 오늘 시편 기자가 고백합니다. 내가 밤에 여호와의 이름을 기억하고 주의 법도를 지켰다고 고백합니다. 시편 기자는 사실은 고난의 사람입니다. 역경. 누가 봐도 정말 힘든 인생을 산 사람이 시편 기자입니다.

내가 고난 당하기 전에는 내가 그릇 행하였더니

그는 오늘 시편 119편 우리가 읽었던 54-56절 밑으로 내려가면 67절에 이렇게 말해요. "내가 고난 당하기 전에는 내가 그릇 행하였더니 이제는 주의 말씀을 지키나이다." 그리고 68절에는 "주는 선하사 선을 행하시오니 주의 율례들로 나를 가르치소서." 시편 기자는 사실은 자기가 엄청난 고난 가운데 있어요. 많은 고난 가운데 있어요. 그런데 그 고난 가운데 뭐라고 고백하냐면 "고난 당하기 전에는 내가 그릇 행하였는데 이제는 주의 말씀을 지키나이다. 이제는 주의 말씀을 지키나이다." 무슨 말이에요? 고난 당하기 전에는 내 맘대로 살았지만 고난이 와서 보니까 "아, 이게 아니라"는 것을 깨달아요. 인간은 정로를 걸어가는 그것, 하나님의 말씀에 순종하는 거기에 소망이 있음을 그가 깨닫습니다. 그래서 인생의 고난, 그 밤에, 여호와의 이름을 기억하고 주의 법도를 지켰다고 고백합니다.

사랑하는 성도 여러분. 누가 성공자인 줄 아세요? 누가 승리자인 줄 아세요? 누가 인생을 아름답게 살았다고 듣는 줄 아세요? 하나님의 말씀대로 순종한 사람입니다. 다윗도 그렇고 밧모섬에 있었던 사도 요한도 마찬가지입니다. 여러분 모든 신앙의 선배들은 모진 고난 앞에서도 곁길로 가지 않고 꿋꿋하게 하나님의 말씀대로 순종한 사람들입니다. 모진 고난 앞에 흔들리지 않은 거예요. 인생의 어두운, 칠흑 같은 밤. 그때에도 허튼 생각을 하지 않은 거예요. 돌아가신 박윤선 목사님은 마지막 임종을 앞에 두고 자기를 위문 온 성도들, 교수, 제자들 놓고는 올 때마다 기도해 주는 거예요. 자기의 임종이 얼마 남지 않은 것을 알고는 다 기도해 주는 거예요. 그런데 홍정길 목사님, 김명혁 교수님이 있는데 혼자 기도를 하더라는 거예요. "하나님 저는 죄인입니다." 남들이 나를 아주 훌륭하게 이야기하고 의로운 것처럼 말하는데 "저는 죄인입니다. 이걸 다 거두어 가 주십시오. 저는 죄인입니다." 늘 그렇게 기도하더라는 거예요. 그리고 마지막에 돌아가시기 전에 얼마나 목이 타는지 물을 드리니까 벌컥벌컥하면서 그럼에도 불구하고 돌이켜서는 "나는 죄인이라. 남들이 몰라서 그렇지 나는 죄인이라."

여러분, 인간에게 있어서 정말 중요한 게 누구인 줄 아세요? 하나님 아버지예요. 하나님 아버지 없는 인생은 불행한 인생입니다. 오늘 시편 기자는 어려움과 역경 가운데서도 누구의 이름을 잊어버리지 않냐면 하나님, 하나님, 하나님의 이름을 기억합니다. 하나님의 이름을 기억한 인생 치고 망한 인생은 아무도 없습니다. 오늘 이 시대를 살아가고 있는 사랑하는 성도 여러분, 오늘 이 자리에 초대받은 사랑하는 귀한 성도 여러분, 여호와의 이름을 기억하시길 바랍니다. 우리 주님이 어떤 분이신지 아세요? 우리 주님은 우리에게 생명 주시기 위해서 갈보리 언덕 십자가에서 못 박혀 죽으시면서 자기는 죽고 우리에게 영원한 구원, 영원한 영생, 천국을 선물로 주신 분이 우리 주님 예수 그리스도이십니다. 왜 여호와의 이름을 기억하는 게 복인 줄 아세요? 그 분이 우리의 생명이시기 때문입니다. 그분이 우리에게 생명을 주실 뿐만 아니라 영원한 천국을 선물로 주셨기 때문에 여호와의 이름을 기억하는 것이 복인 것을 잊지 마시길 바랍니다. 아무 이름이라도 기억하면 내게 유익이 되는 게 아니라 영원한 생명 구원자 되시는 그 주님. 그 이름을 기억하는 게 큰 복인 것을 잊지 마시기를 바랍니다.

목사인 저도 목회를 하다 보면 사실은 굽이굽이 사연이 참 많지요. 목사처럼 비밀이 많은 사람은 없습니다. 절대로 입 밖으로 내면 안 되잖아요. 그리고 어떤 어려운 일이 있어도 말해서는 안 되지요. 큰일이 있거나 근심 걱정이 있으면 아예 집에 가지 않지요. 제 방에서 밤새도록 앉아 있습니다. 기도도 많이 못 해요. 기도한다면 하나님의 이름을 부를 뿐이에요. “아버지. 하나님. 어떻게 하면 좋겠습니까? 주님 제가 어떻게 해야 합니까?” 이거밖에 없어요. 밤새도록 기가 막힌 기도문을 한 것도 없어요. 딱 하나예요. “하나님” 이름 만 부르는 거예요. “하나님. 하나님 도와주십시오. 어떻게 해야 좋겠습니까. 하나님 제가 어떻게 해야지요? 이 미련한 사람이 어떻게 해야 합니까." 그저 하나님. 밤새도록 부르는 이름은 딱 하나밖에 없어요. 하나님. 주님. 이거밖에 없어요. 그런데 24시간 지나가면 거의 문제가 해결되어 있어요. 거의 모든 문제가 다 해결되는 거예요. 그때마다 느끼는 게 뭔지 아세요? "맞아. 하나님이 살아계시는구나." 맞아요. 우리 주님 예수 그리스도는 십자가에 못 박혀 죽으시고 끝난 게 아니라 삼일 만에 부활하신 분이 우리 주님 예수 그리스도이십니다. 그 살아 계신 주님이 여호와의 이름을 부르는 모든 심령을 붙들어 주시고 우리를 인도해 주시고 책임져 주신다는 사실을 믿으시길 바랍니다. 하나님, 그분은 생명이세요. 하나님, 그분은 부활이십니다. 하나님, 그분은 영원토록 우리에게 구원을 주시는 구원자이십니다.

이제는 주의 말씀을 지키나이다

오늘 시편 기자는 칠흑같이 어두운 고난의 밤에 "하나님, 여호와의 이름을 기억하고 주의 법을 지켰다." 여러분, 우리 인생처럼 연약한 존재가 없어요. 금방금방 다짐했지만 변하잖아요. "내가 저 사람하고 잘해야지." 그리고 얼굴 쳐다보면 또 바뀌잖아요. “내가 저 사람에게 잘할 생각이 없지. 왜 그랬지?” 또 바뀌잖아요. 아니요. 이게 인간이에요. 그런데 우리 주님은 어떤 분이신가요? 우리가 그런 줄 알면서도 변함없이 우리를 사랑하시는 분이 우리 주님 예수 그리스도이십니다. 내 간사한 모습을 보고도 내 형편없는 모습 보고도 주님은 사랑하시고 우리를 위해서 목숨 주시고 살려주시는 분이 우리 주님 예수 그리스도이십니다.

오늘 시편 기자는 내가 밤에 여호와의 이름을 기억하고 주의 법도를 지켰다고 고백합니다. 사랑하는 성도 여러분, 인생에 고난의 밤이 올 때 하나님의 이름을 부르시기 바랍니다. 하나님을 부르시기 바랍니다. 지금도 살아서 역사하시는 그 하나님께서 우리를 붙잡아 주십니다. 제가 지난 노회 때에 이 자리에 앉아 계시는, 부인되시는 분이 남편이 위독하다고 해서 노회 중에 점심을 먹고는 제가 설교를 마치고 부랴부랴 “아무래도 내가 병문안을 다녀와야겠다”라고 오늘을 못 넘기겠다는 거예요. 그래서 부교역자와 함께 갔습니다. 산소호흡기를 꼈는데 여러분, 한번 생각해 보세요. 산소호흡기를 끼고 숨을 헐떡이는데 “걱정하지 마십시오.” 어떤 말을 하겠어요? “맛있는 것이 있습니다. 우리 빨리 일어나서 여행 갑시다.” 다 쓸데없는 소리 아니에요? 맞아요?

안 맞아요? 딱 하나지요. 귀에 대고 "하나님. 이 영혼을 불쌍히 여겨 달라." 딱 하나예요. 하나님밖에 없어요. 왜 그래요? 하나님이 생명이시기 때문에 그래요. 그 어떤 상황에서도 우리는 할 이야기가 없어요. 더군다나 위중한 가운데 있을 때는 진짜 할 이야기가 없어요. 인간이 뭐예요? 인간은 무력한 존재고 아무런 힘을 쓸 수 없는 무능한 존재가 인간 아니에요? 누구 앞에? 죽음 앞에. 그리고 심각한 병 앞에 인간은 아무것도 할 수 없어요. 딱 하나지요. "하나님, 도와주십시오." 하나님이에요. 하나님밖에 없는 거지요. 인생에 있어서 소중한 분이 있다면 하나님이에요. 그분을 잊어버리지 마시기 바랍니다. 하나님의 이름을 잊어버리지 마시길 바랍니다. 우리 입에서 자주 나와야 할 고백이 있다면 하나님이에요. 절망 가운데 여호와의 이름을 부를 때에 그분이 우리의 손을 붙잡아 주시고 우리를 위로해 주시고 우리를 인도해 주십니다.

내 소유는 이것이니
곧 주의 법도들을 지킨 것이니이다

오늘 시편 기자가 또 이렇게 고백합니다. "내 소유는 이것이니 곧 주의 법도들을 지킨 것이니이다." 여기 소유가 뭐예요? 가장 소중한 것을 말합니다. 나에게 가장 소중한 것이 뭔가? 하나님의 말씀을 지킨 것이라고 고백합니다. 여러분, 영원히 없어지지 않아야 할 것이 있다면 무엇이겠습니까? 제가 자주 사용하는 예화 중 하나가 뭔지 아세요? 어떤 성도가 죽어서 천국에 가는데 땀을 뻘뻘 흘리면서 보따리를 들고 간 거예요. 무거운, 누가 봐도 진짜 무거운. 천국 문을 노크하니까 베드로가 쑥 나오더니 "왜 이렇게 땀을 많이 흘리냐." 그랬더니 "베드로 사도님, 제가 이 세상에서 정말 좋은 것을 가지고 왔습니다." 그래서 "뭐냐?" 그랬더니, "여기 보따리에 있습니다." 그래서 "한번 펴봐라." 그랬더니, 황금 덩어리가 쑥 나오더라는 거예요. 그러니까 베드로가 허탈한 듯 쳐다보더니 하는 말이 "야 이놈아 네 밑바닥, 땅바닥을 봐라. 천국 도로는 모두가 다 뭐냐?" 그랬더니 "황금 보석으로 꾸민 집 아니에요." 그렇게 이야기하니까 여러분 얼마나 당황스럽겠습니까?

여러분 사실 가만히 보십시오. 하나님 앞에는 황금 보석이 무슨 의미가 있고 돈이 무슨 의미가 있고 권력이 무슨 의미가 있어요? 아무런 의미가 없잖아요. 왜요? 모든 게 다 하나님 것이잖아요. 모든 것이 다 하나님 것인데 뭐가 더 소중하겠어요? 사람들은 착각하지요. 진짜 가장 소중하게 여기는 게 뭔가? 어떤 사람은 돈이라고 말하지만, 진짜 지혜로운 사람은 뭐라고 하냐면 사람이라고 말합니다. 사람 중에 절친한 친구가 얼마나 중요한지. 김형석 씨도 100세가 넘었지만 자신의 절친한 친구에 대해서 이야기하잖아요. 나이가 들수록 정말 중요한 것은 사람이에요. 제일 소중한 것은 누구지요? 와이프랍니다. 그리고 남편이랍니다. 그리고 누구예요? 친구라고 말해요. 그렇게 말해요. 그런데 부부가 영원히 살아요? 아니에요. 머지않아 다 죽습니다. 친구, 마찬가지예요. 다 죽습니다. 한국에 유명한 4인방이 있어요. 홍정길 목사님, 이동원 목사님, 옥한흠 목사님, 하용조 목사님. 네 분은 만나면, 만나기도 어렵지만, 큰 교회 목회를 하니까. 어쩌다 한 번씩 만나면 그래도 목회에 대해 이야기하고 서로 질타하면서 세워주는 그런 대화를 했는데 그만 옥한흠 목사님과 하용조 목사님이 돌아가신 거 아니에요. 서울 사랑의교회 목사님과 온누리교회 목사님. 유명한 분들 아니에요? 이분이 식사를 같이하면서 뭐라고 고백한 줄 아세요? 살아계신 홍정길 목사님이. "가끔가다가 나를 질타해주는 친구가 없어서 조금 서럽다. 속에 있는 말을 할 수 있는 친구가 없어서 조금 서럽다." 여러분 친구도 다 떠나요. 결국은 우리는 다 떠날 사람들입니다. 없어지고 말 것들입니다. 우리가 떠나고 나면 우리의 이름을 기억하는 사람 별로 없을 거예요. 그리고 조금 더 지나면 또 한 세대가 가고 또 한 세대가 올 겁니다.

그런데 놀라운 사실은 이생과 내생에 영원히 없어지지 않는 보배와 같은 게 있는데, 그게 뭔 줄 아세요? 하나님 말씀을 지키는 것입니다. 진리대로 사는 이것은 영원토록 없어지지 않아요. 인생에 있어서 가장 소중한 게 있다면 무엇인 줄 아세요? 하나님의 말씀이 내 재산이 되어서 영원히 남는 이것입니다. 주일을 거룩하게 지키고 하나님의 말씀에 순종하고 말씀대로 살아가는 이것이 살면 살수록 이게 쌓여서 하나님 앞에 가장 소중한 것으로 남는다는 사실을 잊지 마시길 바랍니다. 이생과 내생에 영원히 남는 것은 하나님 말씀대로 순종하는 이것이라는 사실을 잊지 마시기 바랍니다. 왜 그런 줄 아세요? 하나님이 살아계시기 때문에 하나님의 말씀이 효력이 있는 것입니다. 만약에 하나님이 죽으신 분이라면 아무런 소용이 없지만 하나님은 죽음을 이기시고 부활하신 분이시기 때문에 그 말씀에 순종하는 이것은 영원히 남는 자산이고 가장 소중한 것인 것을 잊지 마시길 바랍니다.

오늘 시편 기자가 그렇게 고백해요. "내 소유는 이것이니 곧 주의 법도들을 지킨 것이니이다." 하나님 말씀대로 순종하시길 바랍니다. 한편 강도가 자기 임종을 앞에 두고는 이제 죽음이 초읽기에 들어간 것 아니에요. 주님께 이렇게 말합니다. "주여 당신의 나라에 들어갈 때, 당신의 나라가 임할 때 나를 기억하소서." 여러분 짧은 시간인데 강도가 깨달아요. 누가 진짜인지를 압니다. 예수 그리스도가 진리입니다. 예수 그리스도가 진짜예요. 주님이 뭐라고 말씀하신 줄 아세요? "내가 진실로 진실로 네게 이르노니 네가 오늘 나와 함께 내 집에 유하리라." "네가 오늘 나와 함께 내 집", 성경에 보면 "낙원에 있으리라"고 그랬어요. 그게 어디예요? 주님의 집이에요. "네가 오늘 나와 함께 낙원에 있으리라." 여러분, 주님을 붙잡은 사람 주님의 이름을 부르는 사람을 누가 영원히 책임져 주시는 줄 아세요? 우리 주님 예수 그리스도이십니다.

시편 기자는 이렇게 고백해요. "주의 집에 있는 것이 얼마나 좋은지 주의 궁전에 있는 것이 한 날이 다른 곳의 천 날보다 훨씬 낫다." 그런 고백을 합니다. 그리고 "주의 장막이 어찌 그리 사랑스러운지 그런 고백을 해요." 왜 그래요? 그곳에 주님이 계시기 때문입니다.

1 만군의 여호와여 주의 장막이 어찌 그리 사랑스러운지요 2
내 영혼이 여호와의 궁정을 사모하여 쇠약함이여 내 마음과
육체가 살아 계시는 하나님께 부르짖나이다 3 나의 왕, 나의
하나님, 만군의 여호와여 주의 제단에서 참새도 제 집을 얻고
제비도 새끼 둘 보금자리를 얻었나이다 4 주의 집에 사는 자
들은 복이 있나니 그들이 항상 주를 찬송하리이다 (셀라)(시
84:1-4).

시편 기자가 너무 부러워서 고백하는 거예요. "주의 집에 있는 참새들도 너무 복 받았다"라는 거예요. 왜 그래요? 주님이 어떤 분인가를 알기 때문에 그렇습니다. 그리고 이어서 고백합니다. "주의 궁전에서 한 날이 다른 곳에서 천 날보다 훨씬 더 낫다."

10 주의 궁정에서의 한 날이 다른 곳에서의 천 날보다 나은즉
악인의 장막에 사는 것보다 내 하나님의 성전 문지기로 있는
것이 좋사오니 11 여호와 하나님은 해요 방패이시라 여호와께
서 은혜와 영화를 주시며 정직하게 행하는 자에게 좋은 것을
아끼지 아니하실 것임이니이다 12 만군의 여호와여 주께 의지
하는 자는 복이 있나이다(시 84:10-12).

여러분 여기 보면 시편 기자가 얼마나 주의 궁전, 아니 주의 집에 있는 것이 좋은지 다른 곳에서의 천 날 보다 낫다고 고백합니다. 그러면서 이렇게 고백해요. 주님 위해서 사는 자들을 주께서는 아끼지 않고 좋은 것으로 주신다고 고백합니다. 그 좋은 것이 뭐예요? 아끼지 않고 주시는 게 뭐예요? 영생입니다. 아름다운 하나님의 나라입니다.

오늘 시편 기자가 고백합니다. 가장 소중한 것이 무엇인가? 하나님의 법도대로 살고 하나님의 이름을 잊어버리지 않는 이것이라고 고백합니다. 우리 주님은 우리를 사랑하셔서 자기 몸을 희생하시고 우리에게 생명을 주신 분이 우리 주님 예수 그리스도이십니다. 오늘 이 시대도 마찬가지예요. 가장 소중한 분은 주님이십니다. 여호와 하나님이십니다. 그분이 우리를 이렇게 초대하십니다. "수고하고 무거운 짐 진 자들아 다 내게로 오라. 내가 너희를 쉬게 하리라"고 말씀해 주십니다. 이 밤에 여호와의 이름을 기억하고 그리고 하나님이 주시는 그 은혜와 영생을 함께 누리는 저와 여러분이 되기를 바랍니다. 혹 이 밤에 아직 주님을 만나지 못하고 주님을 나의 구주로 모시지 못한 분이 계신다면 주님의 이름을 부르고 주님을 나의 구주로, 주님을 나의 주님으로 모시는 귀한 시간이 되기를 바랍니다. 기도하겠습니다.

· · · · · ·

하나님 아버지, 2019년도 대각성전도집회 오늘 여섯 번째 시간을 허락해 주시고 이 시간에도 주의 말씀으로 우리에게 들려주시니 고맙습니다. 하나님 우리는 나그네입니다. 우리가 사는 집도 나그네 된 집입니다. 그런데 하나님의 말씀이 노래가 되는 여호와의 이름을 기억하는 하나님의 이름을 부르며 살아가는 저희 되게 하옵시고 말씀대로 순종해서 언제든지 하나님 앞에 선 그날 "네 인생 성공했어"라는 주님의 음성 듣는 우리 모든 성도 되게 하여 주옵소서. 하나님의 이름을 부르는 날마다의 우리의 삶이 되게 하옵시고, 나의 의식과 무의식중에 여호와의 이름이 나의 모든 것이 될 수 있는 은혜를 베풀어 주시옵소서. 주님은 생명이십니다. 주님은 구원이십니다. 주님은 죽음을 이기시고 부활하신 부활체이십니다. 주여, 주님의 이름을 부를 때 주께서 역사하시고 아무리 보잘것없는 저희지만 하나님의 이름을 부를 때에 우리를 붙들어 주시는 주님. 내 생명을 인도하시는 그 주님이신 것을 믿사옵나이다.

이 밤에 주님을 나의 구주로 모시기를 원하는 심령들이 있습니다. 저들을 받아주시고 하나님 저들의 소원을 응답하여 주옵시며 예수 믿는 기쁨, 예수 믿는 믿음을 저들에게 허락하여 주옵시고 우리 모든 성도가 매일 같이 하나님을 찬송하며 그 입에서 여호와의 이름이 끊임없이 이어져가는, 하나님을 부르고 예수님을 부르는 그리고 우리 모두가 다 하나님 앞에 아름답게 주의 법도를 지키며 살아가는 우리 성도들 되게 해 주옵소서.

대각성전도집회를 위해서 수고하며 애쓰고 헌신하고 헌금하고 물질로 제공하고 몸으로 헌신하고 시간 시간 귀한 음식으로 헌신하고 전도하며 태신자를 위해서 기도하고 함께 한 마음으로 수고한 우리 성도들에게 복을 내려 주시옵소서. 오 주님 매년마다 그리고 매 시간마다 우리가 놀랄 만큼 하나님께서 은혜를 주시고 역사하심을 우리는 금년에도 체험했습니다. 주님 영혼을 사랑하시는 주님이신 것을 다시금 깨닫습니다. 주여, 우리 모두가 다 주님처럼 영혼에 관심을 갖고 우리 자신도 늘 하나님 나라를 바라보면서 믿음으로, 믿음으로 살아가며 하나님의 이름을 불러가면서 살아가는 복된 성도들 하나님의 은혜 속에 사는 성도들 그리고 주님에게 영원토록 기억되는 우리 성도들 되게 하여 주시옵소서. 예수님의 이름으로 기도하옵나이다. 아멘.